シリーズ 新約聖書に聴く

コリント人への手紙第一に聴くⅡ

キリスト者の結婚と自由

袴田康裕
［著］

いのちのことば社

目次

27 結婚についての原則

〈Ⅰコリント七・一〜七〉

「さて、『男が女に触れないのは良いことだ』と、あなたがたが書いてきたことについてですが、淫らな行いを避けるため、男はそれぞれ自分の妻を持ち、女もそれぞれ自分の夫を持ちなさい。夫は自分の妻に対して義務を果たし、同じように妻も自分の夫に対して義務を果たしなさい。妻は自分のからだについて権利を持ってはおらず、それは夫のものです。同じように、夫も自分のからだについて権利を持ってはおらず、それは妻のものです。互いに相手を拒んではいけません。ただし、祈りに専心するために合意の上でしばらく離れていて、再び一緒になるというのならかまいません。これは、あなたがたの自制力の無さに乗じて、サタンがあなたがたを誘惑しないようにするためです。以上は譲歩として言っているのであって、命令ではありません。私が願うのは、すべての人が私のように独身であることです。しかし、一人ひとり神から与えられた自分の賜物があるので、人それぞれの生き方があります。」

男が女に触れないのは良いこと

コリント人への手紙第一は、第七章から第二部に入ります。第二部では、コリントの信徒たちが直接手紙でパウロに尋ねてきた問題を取り扱います。一節に「あなたがたが書いてきたことについてですが」とあるように、手紙によって直接パウロに尋ねた問題がありました。それに対する回答が七章から一五章となります。具体的には七章では結婚の問題、八章から一〇章では偶像に備えられた食物の問題、一一章から一四章では礼拝と秩序の問題、そして一五章で復活の問題が取り上げられます。

コリントの信徒たちからの質問として、第一に取り上げられているのが結婚の問題です。当時のコリントが、非常に性道徳が乱れていたということは何度か話してきました。そしてその影響を受けて、コリント教会には性的放縦に陥る者たちがいました。彼らはキリスト者の自由を主張して、娼婦と交わることも許されると考え、それを実行していました。そのような快楽主義者のことについては、すでに五章から六章で扱われました。

一方、このような快楽主義に対する反動として、極端な禁欲主義を唱える者たちがいました。彼らは、キリスト者は結婚すべきではないと主張していました。またすでに結婚している者は、肉体の交わりを断つべきだと主張しました。性的関係そのものがキリスト者にはふさわしくなく、それはキリスト者の聖化の妨げになると考えたのです。
快楽主義と禁欲主義は全く相容れないもののように思えますが、実は共通点があります。それはいずれも「からだ」を軽んじており、「からだ」の自然の秩序を破壊していることです。それゆえ快楽主義者であった者が、今度は極端な禁欲主義者になること、またその逆もあったのではないかと指摘する者もいます。「からだ」というものを正当に評価する基軸がないがゆえに、極端な快楽主義や禁欲主義に陥ることがあったのです。

ここでパウロに寄せられた質問は、禁欲主義に関することでした。「キリスト者は結婚しないほうが良いのか、結婚を見合わせるべきなのか」という類の質問でした。新改訳聖書では「男が女に触れないのは良いことだ」ということばを、パウロに届けられた手紙のことばとして訳しています。しかし、ここは手紙に対するパウロの見解として訳すこともできます。つまり、パウロは原則として「男が女に触れないのは良いことだ」と答えたのです。パウロは原則として、性的関係はないほうが良い、また独身あるいは禁欲生活は良いことだと言いました。しかしこのパウロの原則は、絶対普遍の原則ではありません。というのは、このときのパウロは、イエス・キリストが再び来られる、主の再臨が近いという終末意識にかなり規定されていたからです。

七章二六節、二七節にはこうあります。

「差し迫っている危機のゆえに、男はそのままの状態にとどまるのがよい、と私は思います。あなたが妻と結ばれているなら、解こうとしてはいけません。妻と結ばれていないなら、妻を得ようとしてはいけません。」

このときのパウロは、イエス・キリストの再臨が間近であるという意識をもっていました。ですから「そのままの状態にとどまるのがよい」と助言したのです。結婚のような大きな変化を抱え込むべきではない。むしろ、主の再臨に備えることが急務であって、結婚などに心を煩わされて、再臨への備えを怠ってはならないと考えていたのです。

またパウロは、独身であることが大きな益になりうることも知っていました。彼自身、少なくともこのときは独身でした。かつて彼がユダヤ教徒であったときには結婚していた可能性があります。というのは正統的ユダヤ教の場合、結婚することは神の祝福にあずかることであり、独身のままでいることは神の祝福に背を向けることとされていたからです。以前のパウロはまさに典型的な正統的ユダヤ教徒でしたから、結婚していたということは十分に考えられます。

しかし今パウロが独身であるということは、妻と死別したか、それとも彼が回心したために、宗教上の理由で妻が離れていったかのいずれかでしょう。

いずれにせよ、パウロはこのとき独身でした。そして独身であるがゆえに、旅をしつつ、異邦人伝道に献身できたのです。もし家庭をもっていたら、あれほど自由に伝道旅行はできなかったでしょう。家庭の責任をも果たさなければならないからです。

しかし彼は独身であったがゆえに、後ろ髪を引かれることなく異邦人伝道に邁進できました。それで、体験的に独身であるがゆえの益を知っていたのです。

そのため彼は「男が女に触れないのは良いことだ」として、独身や禁欲生活を良いことだと言っています。しかしパウロはそれを、絶対的な戒めと考えてはいませんでした。独身が善で、結婚が悪だと考えているわけではありません。ユダヤ教が言っていたような、結婚が善で、独身が悪だというような教えは否定します。そして独身には積極的な意味があることも主張します。

この両者に基本的に優劣があると思ってはいません。ただ、イエス・キリストの再臨が近いという終末意識からすれば、やはり「男が女に触れないのは良いことだ」と彼は考えていたのです。

結婚の勧め

終末意識に規定されていたパウロは「男が女に触れないのは良い」と述べました。それがこのときのパウロの原則でした。しかしパウロはその原則を踏まえつつも現実的に事柄に対処しています。二節で彼はこう言っています。

「淫らな行いを避けるため、男はそれぞれ自分の妻を持ち、女もそれぞれ自分の夫を持ちなさい。」

人間の性的な欲求が「淫らな行い」に導くくらいなら、そうならないために結婚すべきだと彼は言います。これは結婚に対する消極的な勧めと言えます。パウロは決して、禁欲自体に高い価値を置いていたわけではありません。むしろ人々に、性的な不品行に陥る可能性を与えないことが、彼の関心でした。

性的不品行は六章で学んだように、信仰者のからだを汚すことであり、またイエス・キリストに対する冒瀆です。それを避けて、信仰者が終末の完成に向けて自らを整えることができるようになることが、パウロの主たる関心なのです。

パウロは結婚こそが、不品行を避けるための基本的な秩序だと言います。独身生活だけでなく、結婚生活も教会の中で位置をもつのです。これによって、結婚のみを善とするユダヤ教正統派の立場と、禁欲的な独身のみを善とする禁欲主義の立場を排除しています。

それにしても、結婚が不品行を避けるための制度だというのは、結婚に対してあまりに消極的過ぎるのではないでしょうか。あまりに低次元な結婚観ではないでしょうか。

しかし私たちがここで覚えなければならないのは、パウロはここで結婚の定義や全体像を明らかにしようとしているのではない、ということです。たとえばエペソ人への手紙五章を見れば、そこには結婚の奥義についての深遠な教えが記されています。けれどもパウロは、このコリント人への手紙の中では、彼の全体的な結婚観を明らかにしようとしているのではありません。むしろ、道徳的に腐敗し、性道徳が乱れている社会の中に生きているコリントの信徒たちに対して、また教会の信徒の中にも娼婦のもとに通う者がいたという現状の中で、特に不品行との関連において結婚の意味を明らかにしているのです。パウロはここで結婚の意義や目的を教えようとしているのではありません。むしろ不品行の誘惑にさらされているコリント教会にあって、キリスト者と教会がその誘惑から守られるために必要なことは何かを現実的に考えているのです。

カルヴァンも注解書の中でこう言っています。「ここで論じられているのは、いかなる理由で結婚が設けられたかということではなく、結婚がどのような人々にとって必要なものかということなのである」（『カルヴァン新約聖書註解Ⅷ　コリント前書』田辺保訳、新教出版社、一九六〇年、一五四頁）。

パウロは、人間というものがどれほど性的誘惑に弱いものであるかをよく知っていました。それゆえ確かに結婚は、人間が際限ない悪に陥ってしまうことを防ぐために神が与えられた秩序という面があります。

パウロは確かに独身が積極的意味をもつことを知っていました。しかし独身でいることには、誘惑があることも知っていました。とりわけコリントの社会には性的誘惑が満ちていました。それゆえ、むしろ人はそれぞれ結婚するほうが良いと言うのです。二節は命令形ですから、例外があるとはいえ、この状況においては、人は基本的に結婚すべきであるとパウロは言っていると解することができます。

夫と妻の共同生活上の規則

三節、四節には、今度は結婚している夫婦の共同生活上の規則が記されています。三節にはこうあります。

「夫は自分の妻に対して義務を果たし、同じように妻も自分の夫に対して義務を果たしなさい。」

このことばは、夫婦であっても禁欲的に暮らすのが良いと主張していた禁欲主義者たちを意識して語られているように思います。ストア派というギリシア哲学の一党派は、性的禁欲は人格の完全性や宗教的な力に関係をもつとして、それを勧めていました。性は「肉」という霊的でないものに属しており、性的快楽というものを下劣なものと考えていました。

そしてコリントの人々も、禁欲主義というものを聖さや知恵と結びつける、文化的な影響力の下にありました。ですから、結婚していたとしても禁欲的に暮らすのが良いとする主張があったのです。しかしそのことが一方で、ある者たちを娼婦のもとに通わせる原因になっていました。禁欲主義が性的放縦を生み出す原因になっていたのです。

こうした背景の中で、パウロは「夫は自分の妻に対して義務を果たし、同じように妻も自分の夫に対して義務を果たしなさい」と語って、禁欲そのものに価値があるわけではないことを明らかにしています。そしてむしろ、自然な結婚生活を送ることを命じています。

さらに四節にはこうあります。

「妻は自分のからだについて権利を持ってはおらず、それは夫のものです。同じように、夫も自分のからだについて権利を持ってはおらず、それは妻のものです。」

この三節、四節に記されているパウロの教えの大きな特徴は、夫と妻の完全な平等ということです。三節は「夫は自分の妻に対して義務を果たし、同じように妻も自分の夫に対して義務を果たしなさい」と語って、結婚している者はお互い相手に果たす義務があることを明らかにしています。そしてここでパウロは夫と妻を同じ水準に置いているのが分かります。決して女性だけ、妻だけに犠牲を強いているのではありません。

四節では、両者の平等性をより鮮明に展開しています。パウロが言っているのは、夫も妻も、自分のからだを自分のためだけに使う権利はないということです。

「妻は自分のからだについて権利を持ってはおらず、それは夫のものです」という前半の文章は、男尊女卑の古代世界では当たり前の主張でした。しかし後半の文章、「同じように、夫も自分のからだについて権利を持ってはおらず、それは妻のものです」という文章は、当時からすれば、きわめて驚くべき主張です。

夫が妻に対して権利をもつだけでなく、妻も同じ権利を夫に対してもっている。結婚における両性の完全な平等性が、ここに主張されています。

それゆえ、夫と妻の関係は決して上下関係ではありません。階層的な上下関係に置かれてはなりません。両者は平等です。しかしそれは、それぞれが独立的に勝手気ままに生きることができるという意味ではありません。相互に果たすべき務めがあり、相互に相手に対して権利をもっているとあるように、支配と隷従の関係ではなく、協力と一致によって相互関係を築いていくことが求められているのです。

結婚生活と祈り

夫婦は平等であり、互いに対して果たすべき務めと権利をもっています。それゆえパウロは五節で「互いに相手を拒んではいけません」と命じます。結婚している者は、禁欲主義者に惑わされずに、結婚の自然的秩序を守るべきです。

しかしパウロはここで一つの例外を記しています。それが五節にある「ただし、祈りに専心するために合意の上でしばらく離れていて、再び一緒になるというのならかまいません」という記述です。祈りに専心するために、お互いが納得したうえで、一時的に別々になるのは可能だとパウロは言います。確かに夫婦はお互いに対して権利をもっています。

しかしいくら権利といえども、建徳的な意味で抑制が求められることがあります。祈りに専心することが重視されているということは、結婚生活において祈りが最も重要な要素であることを間接的に教えています。祈りが妨げられるような結婚生活に陥ってはならないのです。むしろ、一人ひとりが祈りに専心するなかで、結婚生活は建て上げられていきます。

しかし祈りのために離れるというのは、あくまでも例外です。パウロは基本的に結婚の自然的秩序を重んじます。それは五節の後半にあるように、「あなたがたの自制力の無さに乗じて、サタンがあなたがたを誘惑しない」ともかぎらないからです。

「あなたがたの自制力の無さ」とあるように、パウロは基本的に人間には自制力が無く、放縦に陥る危険性を有していると考えていました。ですからパウロは禁欲主義を警戒するのです。

パウロは人間のもっている弱さを正直に見つめ、現実的に対処することを勧めます。陥ってはならないのは「サタンの誘惑」、すなわち性的不品行です。娼婦のもとに通うというようなことです。それを避けるために、パウロは結婚すること、また普通の結婚生活を送ることを勧めるのです。

しかしパウロはここでもう一言付け加えています。それが六節です。

「以上は譲歩として言っているのであって、命令ではありません。」

パウロは以上のことが命令ではないと語ります。彼がいかに細心の注意を払ってこれを書いているかが分かります。独身として生きるか、また結婚するか、さらには結婚生活がどうあるか、そこには一人ひとりが直面している様々な現実があります。様々な悩みがあります。ですからパウロは、自分の主張がストレートに命令として受け取られて、無理に結婚しなければならないとか、こうでなければならない、と律法的に受け取られることを警戒しました。

パウロはコリントの信徒たちが、性的不品行に陥らないことを何より願っています。そして性的誘惑が満ちているコリント社会の現状を踏まえて、現実的な勧めをしました。しかしそれが、機械的、画一的に適用されることを願っているのではありません。ある人々に何かを無理強いするようなことがあってはならないのです。一人ひとりは違うのです。夫婦もそれぞれに違います。その多様性の中で、パウロが示した教えが生かされることが求められています。

賜物に従って生きる

そして、この段落のまとめにあたるのが七節です。

「私が願うのは、すべての人が私のように独身であることです。しかし、一人ひとり神から与えられた自分の賜物があるので、人それぞれの生き方があります。」

パウロはここで再び、独身であることの益を語ります。主の再臨が近いという緊張感の中で、もっぱら神に仕えることができるという独身の益をもう一度確認しています。

しかしパウロはそのあり方を絶対化しているのではありません。彼ははっきりと、それは賜物がなければできないと言います。

パウロは、自分の生き方は、神の特別な恵みの賜物によって個人的に与えられたものであることを知っていました。皆が自分のようにあることを願いつつ、しかしこれが特別な賜物が与えられた人にしか不可能であることを知っていました。

パウロは数々の特別な賜物を与えられていましたが、その一つが独身を可能にする賜物でした。ですから、この賜物をいただいていない人は、無理に未婚を通そうとすべきではありません。

「一人ひとり神から与えられた自分の賜物があるので、人それぞれの生き方があります」とあるように、賜物の違いによって、人の生き方はそれぞれです。結婚する・しないは、神の賜物によります。このパウロの主張は、主イエスがマタイの福音書一九章一一～一二節で語られたことと同じです。

神の賜物によるのですから、結婚も独身も本質的に平等です。ローマ・カトリック教会には、独身が結婚よりも霊的により有益であるという考えがありますが、聖書はそうは言っていません。そこに優劣はない。結婚するも独身で生きるのも、神から与えられた賜物によって、神に導かれて、選択していく事柄です。

今日のみことばが教えているように、キリスト者の生き方の基本は、神から与えられた賜物に従って生きることです。他からの強制によって生きるのではなく、賜物に従って生きる。つまり、神に従順であることです。

そしてパウロの助言から明らかなように、自分たちの弱さを前提に、現実的に生きることが大切です。誘惑の多い社会に生きるコリントの信徒たちに、パウロはきわめて現実的な助言をしました。現実を冷静に見ることのない生き方は、聖書的ではありません。そして、何よりパウロが願ったのは、信徒たちが聖く生きるということでした。

以上から、パウロが教えるキリスト者の普遍的な生き方は、「現実的に、賜物に従って、聖く生きる」ということだと言えます。

28　結婚と離婚

〈Ⅰコリント七・八〜一六〉

「結婚していない人とやもめに言います。私のようにしていられるなら、それが良いのです。しかし、自制することができないなら、結婚しなさい。欲情に燃えるより、結婚するほうがよいからです。すでに結婚した人たちに命じます。命じるのは私ではなく主です。妻は夫と別れてはいけません。もし別れたのなら、再婚せずにいるか、夫と和解するか、どちらかにしなさい。また、夫は妻と離婚してはいけません。そのほかの人々に言います。これを言うのは主ではなく私です。信者である夫に信者でない妻がいて、その妻が一緒にいることを承知している場合は、離婚してはいけません。また、女の人に信者でない夫がいて、その夫が一緒にいることを承知している場合は、離婚してはいけません。なぜなら、信者でない夫は妻によって聖なるものとされており、また、信者でない妻も信者である夫によって聖なるものとされているからです。そうでなかったら、あなたがたの子どもは汚れていることになりますが、実際には聖なるものです。しかし、信者でないほうの者が離れて行くなら、離れて行かせなさい。そのような場合には、信者である夫あるいは妻は、縛られることはありません。神は、平和を得させようとして、あなたがたを召されたのです。妻よ。あなたが夫を救えるかどうか、どうして分かりますか。また、夫よ。あなたが妻を救えるかどうか、どうして分かりますか。」

独身は神の賜物による

結婚することも、独身で生きることも、神の賜物による、とパウロは述べました。ですから両者は本質的に平等です。パウロが求めたのは、キリスト者一人ひとりが自らの賜物に従って、現実的に聖い生活を送ることでした。

八節からは、その一般原則が三つの異なる対象に適用されます。第一が八節、九節で未婚者とやもめに対して、第二が一〇節、一一節で既婚者に対して、第三が一二節以下で未信者と結婚している者に対してです。

第一は、未婚者とやもめに対するパウロの勧告です。彼はこう言います。

「結婚していない人とやもめに言います。私のようにしていられるなら、それが良いのです。しかし、自制することができないなら、結婚しなさい。欲情に燃えるより、結婚するほうがよいからです」（八〜九節）。

この「結婚していない者」というのは、結婚したことのない若い人のことだけでなく、今現在結婚していない者をも指していると考えられます。現在独身生活を送っている者に対してパウロは、自分のように独身を保つのが良いと言います。

　しかし同時に彼は「自制することができないなら、結婚しなさい」とも言います。「自制することができる」とは、自分自身を支配する力をもつ、自分をコントロールする力をもつということです。つまりそれが、禁欲の賜物、独身の賜物です。

　その賜物が与えられている人は、独身であることの益を生かして生きることができます。パウロがまさにそうでした。彼は独身であるがゆえに、異邦人伝道に献身できたのです。ですからまさに、独りでいることは良いことでした。しかし独身の賜物がないならば、かえって情欲に燃えることになります。ですからその賜物を与えられていない人は、結婚するのが良いのです。

　結婚か独身かは、神が与えられた賜物によります。ですから独身に益があるとはいえ、本質的に独身が結婚にまさるというわけではありません。

　コリント教会の中にあった極端な禁欲主義、不自然な禁欲主義をパウロは戒めています。禁欲自体に価値があるわけではありません。賜物に従って生きることが求められているのです。

キリスト者の夫婦は離婚してはならない

二番目は既婚者に対する命令です。彼は言っています。

「すでに結婚した人たちに命じます。命じるのは私ではなく主です。妻は夫と別れてはいけません。もし別れたのなら、再婚せずにいるか、夫と和解するか、どちらかにしなさい。また、夫は妻と離婚してはいけません」（一〇～一一節）。

ここで言う「すでに結婚した人たち」とは、夫婦揃ってキリスト者である者たちのことを意味しています。彼らに対する基本的な命令は「妻は夫と別れてはいけません」であり、「夫は妻を離縁してはいけません」です。端的に、離婚してはいけませんということです。

そしてパウロはここで「命じるのは私ではなく主です」ということばを加えています。これは、この命令は主イエスのことばを根拠にしているということです。

マルコの福音書一〇章には、パリサイ派の人が、モーセが離縁することを許したことについて、主イエスに尋ねた記事があります。それに対して主はこう答えられました。

「モーセは、あなたがたの心が頑なななので、この戒めをあなたがたに書いたのです。しかし、創造のはじめから、神は彼らを男と女に造られました。『それゆえ、男は父と母を離れ、その妻と結ばれ、ふたりは一体となる』のです。ですから、彼らはもはやふたりではなく、一体なのです。こういうわけで、神が結び合わせたものを、人が引き離してはなりません」（五〜九節）。

安易に都合よく離婚を考えていたパリサイ派に対して、主イエスは「神が結び合わせたものを、人が引き離してはなりません」と離婚を禁じられました。パウロはこうした主のことばを、そのままここで言い直しています。また、離婚が禁じられているがゆえに、「もし別れたのなら、再婚せずにいるか、夫と和解するか、どちらかにしなさい」とも言っています。

キリスト者の夫婦は離婚してはならない。それが主の基本的な命令です。しかし主イエスは例外的に離婚が許される場合についても語られたことがありました（マタイ一九・九）。しかし、パウロはここでそのことには特に触れていません。つまり彼はここで、離婚についての全体像を描こうとしているのではないのです。むしろ、コリント教会の中で起こっていた特定の状況に対して返答しているのです。

コリント教会には極端な禁欲主義があり、キリスト者は結婚を慎むべきだという意見さえありました。それゆえ、キリスト教に入信したときに、結婚生活を破棄した者たちがいたようです。誤った禁欲主義によって、入信とともに別れてしまったキリスト者夫婦がありました。そうした人たちに対して、夫のもと、妻のもとに帰るようにとパウロは言うのです。

また独身の賜物がなければ、結婚生活を破棄して別れても、結局、別の人との再婚を考える可能性があります。しかしそれでは、禁欲から放縦に振れているのと同じです。ですから再婚せずに、和解して正常な結婚生活に戻るように言っているのです。

そのように、この命令は、コリント教会の特定の状況に対する命令であると言えます。ローマ・カトリック教会は、キリスト者同士の結婚の場合は、いかなる理由であれ離婚できないと定めています。それは結婚を、秘蹟、プロテスタントで言う礼典の一つとしているからです。ですから、仮に一方が姦淫を犯しても、またどんなに結婚関係を破壊する行為をしたとしても、あるいは信仰を失ったとしても、何があっても離婚を認めません。

しかしそれは聖書的とは言えません。片方が結婚関係を破壊する行為をするときには、正当な側に離婚の権利を認めるというのが聖書の基本的立場です。

もちろん、キリスト者同士の結婚では、こうしたことがないのが望ましいのは言うまでもありません。また主がキリスト者に命じておられる基本的命令ははっきりしています。ですから安易に離婚を考えることは許されません。

しかし、努力しても思いがけない事態に陥るということはあり得ます。その際に、ローマ・カトリック教会が言うような、状況に左右されない画一的な結論を聖書は述べているわけではありません。

その意味で、一〇節、一一節のみことばを誤解してはなりません。安易に離婚を考えることはもちろんできませんが、どんな場合でも絶対に離婚はできないとか、再婚はできないと、聖書が教えているわけではないのです。

キリスト者と未信者の結婚

一二節の「そのほかの人々」というのは、片方だけがキリスト者である夫婦のことを指していいます。福音が異邦人世界に広がっていった際、夫婦の片方だけがまずキリスト者になるということが、しばしばありました。また少なかったとは思いますが、異教徒と結婚するキリスト者が当時もいたと思われます。

夫婦のうちの片方だけがキリスト者である。主イエスの場合は、直接には神の民であるユダヤ人を対象に語っておられましたから、こうした事態を想定したことばを語られることはありませんでした。

それゆえ一〇節、一一節は、主イエスのことばからの引用でしたが、ここはそうではありません。そこでパウロは一二節で「これを言うのは主ではなく私です」と付け加えています。この事態を想定した、直接的なキリストのことばをもっていないということです。

しかしだからといって、パウロは自分の語ることばに権威がないと言っているのではありません。七章四〇節で「私も神の御霊をいただいていると思います」と言っているように、パウロは主の使徒として、神の霊感を受けつつ語っているのであり、命令の権威において劣っていると考えているわけではありません。

さてパウロは、未信者との結婚関係をどのように考えていたのでしょうか。こう言っています。

「そのほかの人々に言います。これを言うのは主ではなく私です。信者である夫に信者でない妻がいて、その妻が一緒にいることを承知している場合は、離婚してはいけません。また、女の人に信者でない夫がいて、その夫が一緒にいることを承知している場合は、離婚してはいけません」(一二～一三節)。

パウロは決して、未信者との結婚はふさわしくないから破棄せよ、などとは言いません。むしろとても控えめに、未信者との結婚の存続は、未信者である配偶者の意志にかかっていると言います。彼はここでも何かを強制しようとはしません。キリスト者の側は、基本的にその交わりの存続を図るべきです。そして信者でない側が、結婚の継続を望んでいるならば、離婚してはならないのです。

ここでもパウロが言うのは、キリスト者は結婚関係を大切にしなさいということです。夫と妻の基本的な関係を、パウロは三節から五節で語りました。それは両者の完全な平等です。そして互いに義務を負い、互いに相手のからだに対して権利をもつということでした。このことから考えれば、相手が一緒の生活を続けたいと願っている場合、当然別れてはいけないのです。

要するにパウロは、キリスト者の側から離婚してはいけないと言っています。与えられている状況を、基本的に神から与えられたものとして受けとめて、それを大切にして生きることを求めているのです。

一四節は、その命令の根拠を記しています。パウロは言います。

「なぜなら、信者でない夫は妻によって聖なるものとされており、また、信者でない妻も信者である夫によって聖なるものとされているからです。そうでなかったら、あなたがたの子どもは汚れていることになりますが、実際には聖なるものです。」

このみことばは、信者でない配偶者をもつ者にとって、とても大きな慰めと励ましになるものです。信者でない配偶者は、信者である配偶者によって「聖なるものとされている」とパウロは言います。

この「聖なるものとされる」とはどのような意味なのでしょうか。もちろんこれは、救われているという意味ではありません。イエス・キリストを信じることなしに救われることはありません。

キリスト者はしばしば「聖なるもの」「聖徒」と呼ばれますが、その意味は、聖化の恵みにあずかっているという意味と同時に、神のために取り分けられ、聖別されているという意味があります。聖とされるというのは、神によって御用のために取り分けられているという意味です。

そしてここで未信者の配偶者に用いられている「聖なるもの」はその意味だと言えます。つまり、神がその人を、キリスト者の配偶者とともに生きるように取り分けられたのです。神がその人を、キリスト者とともに生きる者として、キリスト者に慰めを与え、助けを与える人として選ばれたということです。

日本のような圧倒的に非キリスト者が多い社会の中で、キリスト者である人と結婚するように導かれた人は、やはり特別だと言えます。神が取り分けられた人です。キリスト者の配偶者を助ける人として、また神の契約の子を親として養育するために、取り分けられた人です。

聖書の中には、神との交わりによる祝福は、直接の当事者だけに制限されるのではなく、他者にも及んでいくという考えがあります。そのように、キリスト者を通して、未信者の配偶者も主の祝福に包まれていくのです。ことばを換えて言うならば、ここには神の恵みの大きさと勝利が証しされています。神の恩恵は、未信者たる相手の不信仰よりも強いのです。

それゆえ、両者の間に生まれた子どももまた「聖なるもの」だとパウロは言います。片方だけに、神の恵みが制限されているとしたら、子どもは汚れていることになります。しかしそうではありません。たとえ信仰者が片方だけであったとしても、神の恵みは確かにその子どもにまで及びます。「契約の子」として、契約的に聖別されたものなのです。

すべての人の平和と喜びを求めて

以上のように、未信者との結婚であっても、両者が共に助け合って歩んで行くならば、そこには神の祝福があることをパウロは語りました。しかし彼は最後に、もう一つのケースを取り上げています。それは、信者でない相手が離れて行く場合です。パウロは一五節、一六節でこう言っています。

「しかし、信者でないほうの者が離れて行くなら、離れて行かせなさい。そのような場合には、信者である夫あるいは妻は、縛られることはありません。神は、平和を得させようとして、あなたがたを召されたのです。妻よ。あなたが夫を救えるかどうか、どうして分かりますか。また、夫よ。あなたが妻を救えるかどうか、どうして分かりますか。」

キリスト者でない相手方が、自分のほうから結婚生活を続けることを望まないなら、そのときには「離れて行かせなさい」と言います。キリスト者は縛られなくてよいと言います。

この場合、キリスト者の側が、相手が離れて行きたくなるような原因を作るということは想定されていませんから、ここで考えられているのは、主として、キリスト教信仰のゆえに相手が離れて行く場合でしょう。

パウロがこの手紙を書いていた当時、そうしたケースが少なくありませんでした。片方がキリスト教に入信した。その信仰のゆえに、相手が離婚を望むということがかなりありました。そしてこれはパウロ自身が経験したことであったかもしれません。

そうした場合は離婚したらよい、とパウロは言います。しかし実際には、そのような事態になっても、離婚をためらうキリスト者もいたようです。未信者である配偶者をいつか信仰に導くために、離婚せずにおこうと願う者たちがいました。しかしそのような者たちに対して、パウロが言っていることばが一六節です。

「妻よ。あなたが夫を救えるかどうか、どうして分かりますか。また、夫よ。あなたが妻を救えるかどうか、どうして分かりますか。」

相手を救うためだとして、無理やり結婚を維持しようとすることをパウロは戒めています。伝道のためと称して、逃げて行く相手をいつまでも縛りつけようとすることに、彼は強い疑義を投げかけています。

結婚の成り立つ根拠は、あくまで両者の自発的な意志であり承諾です。結婚は両者の契約的意志によって成り立つものです。片方の側を強制するような結婚をパウロは拒否します。

もちろん、福音のために結婚が破れることなど、当人にとっては耐え難い苦しみでありないのです。しかしキリスト者は、そのときには、それを神の御手から受け取らなければならないのです。

自分の置かれた状況に即して生きようとしない強情さをパウロは諌《いさ》めています。両者の結婚への意志と承諾がないならば、決して「平和」な生活はありません。一五節の後半でパウロは、「神は、平和を得させようとして、あなたがたを召されたのです」と述べています。神が私たちを召されたのは、私たちが平和のうちに生きるためです。しかし、未信者の配偶者が、キリスト者である相手との結婚生活を望んでいないならば、それを無理に維持したところで平和は生まれません。

相手をキリストに導くというような不確かな希望によって、自分の行動を決定すべきではありません。むしろ自分たちの生活を推し進める際には、本当に確かなこと、明確に認識できることを基礎とすべきなのです。

この「神は、平和を得させようとして、あなたがたを召されたのです」というみことばは、ここで言われた特定のケースだけでなく、私たちキリスト者の結婚全般について該当するものと言えるでしょう。つまり、結婚に関する問題を考えるときに、それが「平和に繋がるか」「平安をもたらすか」を考えるということです。

そして、この場合の平和は、自分の平和だけではありません。宗教改革者カルヴァンはここを解説してこう述べています。

「神がわたしたちを平和へと召したもうたというのは、わたしたちがすべての人によろこびを与え、すべての人と平和を保って行くためなのである」（『カルヴァン新約聖書註解Ⅷ　コリント前書』一六九頁）。

自分も含め、すべての人の平和と喜び。それを考えることが、結婚・離婚問題を考える最も大切な基準なのです。

29　主によって召された自由人

〈Ｉコリント七・一七～二四〉

「ただ、それぞれ主からいただいた分に応じて、また、それぞれ神から召されたときのままの状態で歩むべきです。私はすべての教会に、そのように命じています。召されたとき割礼を受けていたのなら、その跡をなくそうとしてはいけません。また、召されたとき割礼を受けていなかったのなら、割礼を受けてはいけません。割礼は取るに足りないこと、無割礼も取るに足りないことです。重要なのは神の命令を守ることです。それぞれ自分が召されたときの状態にとどまっていなさい。あなたが奴隷の状態で召されたのなら、そのことを気にしてはいけません。しかし、もし自由の身になれるなら、その機会を用いたらよいでしょう。主にあって召された奴隷は、主に属する自由人であり、同じように自由人も、召された者はキリストに属する奴隷だからです。あなたがたは、代価を払って買い取られたのです。人間の奴隷となってはいけません。兄弟たち、それぞれ召されたときのままの状態で、神の御前にいなさい。」

神から与えられた現状を起点に生きる

一七節から二四節は、パウロの結婚問題についての助言の背後にある基本原則を明らかにしている部分です。そして、この段落全体の中心的な勧告が一七節のみことばです。「ただ、それぞれ主からいただいた分に応じて、また、それぞれ神から召されたときのままの状態で歩むべきです。私はすべての教会に、そのように命じています。」一言で言えば、「現状にとどまりなさい」「生活を変えるな」ということです。この命令が、イエス・キリストの再臨が目前に迫っているという終末意識に規定されていることは否定できません。この点を見落として、パウロはいたずらに現状を肯定していると取るべきではありません。キリストの再臨が切迫しているとき、つまり限られた短い期間にどう生きるべきかをパウロは考えているのです。

ですからこのみことばを根拠にして、現状肯定こそキリスト者のあるべき生き方であると言うことはできません。逆に、現状を否定することがキリスト者に求められているのかといえば、もちろんそうではありません。

当時、キリスト者になったのであるから、自分の現状を否定して、新しい立場を手に入れなければならないと考えた人たちがいたようです。キリストを知らないで生きてきた日々、そして今与えられている状況。そのすべてを古いものとして否定しなければならない、捨てなければならない、と考えた人たちもいたようです。そして全く新しい立場を、新しい状況を作らなければならない、と考えたのです。

しかしパウロはそのような考えを明確に否定しています。「ただ、それぞれ主からいただいた分に応じて、また、それぞれ神から召されたときのままの状態で歩むべきです。」召された時の状況にとどまるべきなのです。「神から召された」とは、キリストを信じる者とされたということですが、そのような神の召しは、その人が置かれている状況からその人を引き裂くのではなく、むしろ、その状況におけるその人のあり方に関わりをもつのです。

もちろん、あからさまな罪深い生活には終止符が打たれねばなりません。しかしそれ以外の、その人が築いてきた様々な関係を終わらせる必要はありません。すでに結婚のところでパウロは語りましたが、キリスト者になったからといって、未信者との結婚を終わらせる必要はないのです。

パウロの主張は、いたずらな現状肯定ではありません。しかし彼は、現状というものをキリスト者はどう受けとめるべきかについての基本的な指針を示しています。

私たちは一人ひとり、様々な状況の中に置かれています。一人ひとりに様々な家族関係があり、悩みがあります。また、一人ひとり様々な社会的立場をもっています。地位も、立場も、名誉も、経済状態も違います。また、健康状態に不安を抱えて生きている方々もおられます。一人ひとりに違った「現状」があります。ではそれは何によるのでしょうか。自分が今この位置に置かれているのは、何によるのでしょうか。

今のこの現状は、自分の願ったとおりだと言える人が、どれだけいるでしょうか。いや一人でもいるでしょうか。いないのではないかと思います。自分の望んだとおりの道を歩んできたと言える人はいないと思います。だれもが思いがけない道を歩んできたのです。もちろん、それぞれに考えて、計画して、一生懸命に生きてきたのでしょう。しかし、計画や願いのとおりになったわけではない。自分を超えたもの、自分ではどうしようもないものに動かされて、今があるとしか言いようがないのです。

一人ひとりが、そのようにして「自分の現状」に置かれている。では私たちはその「自分の現状」をどう受けとめたらよいのでしょうか。パウロは「それぞれ主からいただいた分に応じて、また、それぞれ神から召されたときのままの状態で歩むべきです」と語りました。このみことばにその指針があります。

「主からいただいた分に応じて」の「いただいた」は一回的な行為を示す動詞の時制です。神が一人ひとりに分け与えられたもの、それに応じて歩むということです。

「いただいた分」というのは、各自に与えられた賜物とも言えますし、置かれている境遇、立場、またそれに応じて与えられる課題とも言えます。いずれにせよ、神がそれぞれに与えられたもの、それに応じて歩むということです。

もう一つは「神から召されたときのままの状態で歩むべきです」との命令です。この「召された」は動詞の完了形です。完了形ですから、今に至っている、というニュアンスがあります。直訳すれば、「神が召されて今に至っているのに応じて」となります。神が召されて今に至っている状況に応じて歩みなさい、ということです。

キリスト者は現状をどう受けとめて、どう歩むべきなのか。パウロが命じるのは、神が与えてくださった分に応じて、また神が召して導いてくださった今に応じて歩むということです。つまり、現状というものを、まず神から与えられたものとして受けとめることです。そこから始めるのです。

神との関係で現状を受けとめるのです。受けとめがたい現状があるかもしれません。できれば、現状を否定したいと思うかもしれません。しかし否定するところから何かが始まることはありません。

コリントの信徒たちの中にも、神に召されたのだから状態を変えなければならないと考えた者たちがいました。しかしそうした浮き足立った歩みは、決して健全な歩みではありません。

聖書の神は、摂理の神です。すべてのことをご支配し、導いておられる神です。ですから、私たち一人ひとりが置かれている現状の背後に、神の御業があります。

パウロのことばには、神の主権が明示されています。「主が」分け与えられた分に応じ、また「神が」召されて今に至っているのに応じて歩む。神がなされた御業、今に至るまで導いてこられた御業、それが、私たちが歩み始めるうえでの「起点」なのです。

私たちが具体的に生きていくうえで起点になること、土台になることとは何なのでしょうか。それは神の御業以外の何ものでもありません。神が自分を召されたこと、そして今に至るまで導いてこられたという事実です。神が賜物を与え、この現状を与えてくださったという事実です。

神が召されたのですから、私たちは神のものであり、神が必要としてくださっているということです。私たちは立つべき何の足場もないような者ではありません。人から見れば、小さく貧しい業しかできないかもしれません。しかし、神のものとされて、神に必要とされて、今に至っています。私たちはいずれも、このことを起点にして歩むように求められています。

一七節の最初の部分に「それぞれ」とあります。これは二〇節、二四節でも繰り返されます。つまりパウロは、個々人の義務を強調しています。一人ひとりが、神に召され、導かれてきた今を受けとめて、そこを土台として生きることが求められているのです。

一七節の後半で「私はすべての教会に、そのように命じています」とあるように、これはすべてのキリスト者に求められていることです。神の摂理を信じて、浮き足立った歩みをしない。主にあって現状を受けとめ、信仰をもって理性的に歩むことが求められているのです。

重要なのは神の命令を守ること

一七節の原則が一八節以下で二つの事例に適用されます。第一が割礼の問題です。割礼は、ユダヤ人にとってことのほか重要なものでした。彼らは、無割礼の者は神の契約の外にある者たち、神の祝福の外にある者たちとみなしていました。一方、異邦人は、割礼を重視するユダヤ人たちを軽蔑し、割礼を嘲笑の的にしていました。

こうした時代ですから、教会の中でも、割礼の問題はしばしば議論になりました。ユダヤ人でキリスト者に回心した者の中には、割礼の跡を消さなければならないと考える者たちがいました。また逆に、異教徒から回心した者の中には、神の民になったのだから割礼を受けなければならないのではないか、と考える者たちもいました。

これに対してパウロは一八節、一九節でこう述べています。

「召されたとき割礼を受けていたのなら、その跡をなくそうとしてはいけません。また、召されたとき割礼を受けていなかったのなら、割礼を受けてはいけません。割礼は取るに足りないこと、無割礼も取るに足りないことです。重要なのは神の命令を守ることです。」

割礼の有無が当時のユダヤ人にとって、またキリスト者にとっても大きな問題となっていたなかで、パウロは、それは大きな問題ではないと言います。キリスト者にとって、割礼の有無は大きな問題ではない。福音の光の下では、大きな意味をもたないのです。

つまり、神の民であるか否かを、割礼の有無に矮小化することはできません。それゆえパウロは、召されたときの状態のままで良いと言います。ユダヤ人として主に召された者は、ユダヤ人として主に仕えればよい。またギリシア人として主に召された者は、ギリシア人として主に仕えればよいのです。

ユダヤ人またはギリシア人として生まれて、今日まで生きてきたことを否定する必要はありません。そこには神の摂理の業があるのです。もっとも、ユダヤ人であること、ギリシア人であることは、主を信じたことによって相対化されます。意味は変わるでしょう。絶対的なことではなくなります。しかしだからといって、それを捨てる必要はない。むしろ召された状態の中で、主に仕えることが大事なのです。

パウロは一九節で、「割礼は取るに足りないこと、無割礼も取るに足りないことです。重要なのは神の命令を守ることです」と述べました。これはユダヤ人にとっては驚くべき発言です。なぜなら、ユダヤ人にとって割礼こそが、神の掟を守ることであったからです。それゆえパウロがここで、ユダヤ人とは違う律法理解を示していることは明らかです。

ユダヤ人の律法への熱心は、割礼の重視など、規則の遵守、外側に現れる宗教行為に集約されました。パリサイ派は細かい規則を作って、それを人々に押しつけていました。

それに対して主イエスは山上の説教において、律法の真意を明らかにされ、外的行為の遵守にだけ熱心になっていたユダヤ人たちを批判されました。律法の中心は、神への愛と隣人愛だと言われました。パウロもまた、ローマ人への手紙の中で、「他の人を愛する者は、律法の要求を満たしているのです」、「愛は律法の要求を満たすものです」（一三・八、一〇）と述べて、愛こそが律法の中心であることを明らかにしました。

パウロがここで「割礼は取るに足りない」、「重要なのは神の命令を守ることです」と述べるとき、神の命令として愛のことを考えているのは明らかです。重要なのは、割礼の有無でも、外的に律法を守ることでもない。律法の目標であるキリストを中心として「神の命令を守ること」なのです。

代価を払って買い取られた者

当時の人間を、宗教的・社会的に区分する一つの規準が割礼の有無でした。そしてもう一つの重大な区分が奴隷制度でした。自由人か奴隷かという区分が、社会には厳然とありました。この区分について、キリスト者はどう対処すべきなのでしょうか。パウロは二〇節以下で次のように述べています。

「それぞれ自分が召されたときの状態にとどまっていなさい。あなたが奴隷の状態で召されたのなら、そのことを気にしてはいけません。しかし、もし自由の身になれるなら、その機会を用いたらよいでしょう。」

割礼の有無についても、パウロの命令は、そのままで良いということでした。ユダヤ人はユダヤ人のままで、ギリシア人はギリシア人のままで良い、ということでした。それが身分にも当てはめられています。

つまり、そのままにとどまれ、というのです。召されたときに奴隷であったならば、奴隷のままで良いというのです。神の前には、自由人か奴隷かというのは決定的なことではありません。取るに足りないことです。ですから、あるがままの状態にとどまるべきだとパウロは言うのです。

実は、二一節の後半部分の訳し方には論争があります。新共同訳は「自由の身になることができるとしても、むしろそのままでいなさい」と訳しています。しかし口語訳は新改訳2017と同じように「もし自由の身になりうるなら、むしろ自由になりなさい」と訳しています。正反対の意味です。この部分の動詞は「用いよ」という命令形ですが、目的語(補語)がありません。ですから、「自由になるチャンスを用いよ」とも「奴隷である状態を用いよ」とも、いずれとも取れるのです。しかし、どちらに取ったとしても共通していることは、社会的な意味で自由人であるか奴隷であるかということが、キリスト者にとって本質的なこと、決定的なことではないということです。その時代の社会において、奴隷制度というのは決定的に人間を区分していました。しかしパウロは、キリスト者にとってはそれが決定的ではないと言います。一番大切なのは主との関係なのです。

それゆえ彼は二二節でこう言います。

「主にあって召された奴隷は、主に属する自由人であり、同じように自由人も、召された者はキリストに属する奴隷だからです。」

社会的には奴隷であっても、主によって召された者は主に属する自由人です。また社会的には自由人であっても、主によって召された者はキリストの奴隷です。

社会的な境遇、外側の境遇が、決定的なことではありません。奴隷であっても、主によって召された者は、罪から解放された真の自由を与えられています。この自由のほうが、社会的身分よりもはるかに重要です。また社会的な自由人であっても、主によって召された者はキリストの奴隷です。奴隷であるということは、自分は自分の主人ではないということです。自分勝手に生きることは許されない。持てるものすべてをもって、キリストに服従するのです。

このように、キリスト者にとって一番大切なことは、社会的な身分・立場ではありません。一番大切なのは、主との関係です。主によって与えられている立場です。キリスト者のもつ身分は、市民的社会的身分以上のものです。

このことをパウロは、キリストの贖罪の御業に根拠づけてこう語ります。「あなたがたは、代価を払って買い取られたのです。人間の奴隷となってはいけません」(二三節)。

「あなたがたは、代価を払って買い取られたのです。」代価とは言うまでもなく、キリストの十字架の贖いを指します。私たちはいずれも、もともとは罪の奴隷、死の奴隷でした。それが私たちの従来の立場でした。しかし、神の御子の血潮という尊い代価が支払われました。代価が支払われて、私たちは買い取られました。

ですから、私たちの今の立場は、この代価に基づいています。罪と死からの解放による真の自由、神との和解です。呪いの子であった私たちは、主イエスが支払ってくださった代価によって、今は愛する神の子とされています。今や私たちは、丸ごと受け入れられ、愛されている者として生きることができるのです。それが今私たちに与えられている立場です。

ですから、この恵みの立場に生きないことは、キリストの代価を侮辱することだと言えます。キリストが買い取ってくださった立場こそが、私たちの生きる土台です。

それゆえパウロは「人の奴隷となってはいけません」と言います。人の奴隷とは、神によって与えられた自由に生きず、人間のことに支配される状態のことです。神のことよりも、人のことを第一にすることです。いわゆる俗世間において支配的である非キリスト教的な考え方に隷属することです。神の恵みの現実よりも、自分にとって見える現実、感じる現実を優先することです。

それは、キリスト者の取るべき道ではありません。キリストが買い取ってくださった恵みの現実を侮辱してはなりません。私たちは人の奴隷となってはならないのです。

神の前に生きる

二四節のみことばがこの段落の結びのことばです。

「兄弟たち、それぞれ召されたときのままの状態で、神の御前にいなさい。」

一七節、二〇節の原則が、最後にもう一度繰り返されています。パウロは、召されたときの状態にとどまるように命じました。当時の人間にとって最も重要であった、割礼の有無や社会的身分は、キリスト者にとって本質的な問題ではありません。

パウロは、神の召し、神のみこころを、社会的な身分や立場・状況という外的なことに矮小化させることを拒否しました。むしろ彼が望んだのは、その状況の中で神奉仕に励むことでした。

奴隷には、奴隷として課されている制約の中で、神に仕えることが可能です。これは自由人にはできません。また逆に、自由人は自由人としての立場の中で神に仕えるのです。

割礼を受けているユダヤ人であれば、ユダヤ人であるがゆえの神への仕え方が可能になります。多種多様な場で、神に仕えることが可能です。

パウロはもちろん、人がより良い状態に向上することを頭ごなしに禁止しているのではありません。しかしキリスト者になることは、今の状況を捨て去って、より霊的と考える何かを追い求めることではないのです。大切なことは、まずそこで神に仕えることです。そこで仕えることなしに、神に仕えることはできません。神に仕えること、従うことを、外的なことに矮小化することは許されないのです。

パウロは現状をいたずらに肯定しているのではありません。このことばには、彼の終末意識も反映しています。しかし、召されて置かれている今ここで神に仕えられないならば、神に仕えることはできません。逆に言えば、その置かれている状況がどんな状況であっても、そこで神の前に生きることは可能であるということです。神はそこで共にいてくださいます。状況はどんなであっても、神は共にいてくださるのです。

私たちは、キリストの十字架の血潮によって買い取られた者たちです。神がその者たちを見捨てることは決してありません。主は常に共にいてくださいます。私たちキリスト者は常に、神の御前に、神と共に生きることができるのです。

30　ひたすら主に仕える生活

〈Ⅰコリント七・二五～三五〉

「未婚の人たちについて、私は主の命令を受けてはいませんが、主のあわれみにより信頼を得ている者として、意見を述べます。差し迫っている危機のゆえに、男はそのままの状態にとどまるのがよい、と私は思います。あなたが妻と結ばれているなら、解こうとしてはいけません。妻と結ばれていないなら、妻を得ようとしてはいけません。しかし、たとえあなたが結婚しても、罪を犯すわけではありません。たとえ未婚の女が結婚しても、罪を犯すわけではありません。ただ、結婚する人たちは、身に苦難を招くでしょう。私はあなたがたを、そのような目にあわせたくないのです。兄弟たち、私は次のことを言いたいのです。時は短くなっています。今からは、妻のいる人は妻のいない人のようにしていなさい。泣いている人は泣いていないかのように、喜んでいる人は喜んでいないかのように、買う人は所有していないかのようにしていなさい。世と関わる人は関わりすぎないようにしなさい。この世の有様は過ぎ去るからです。あなたがたが思い煩わないように、と私は願います。独身の男は、どうすれば主に喜ばれるかと、主送って、ひたすら主に奉仕できるようになるためです。」

のことに心を配ります。しかし、結婚した男は、どうすれば妻に喜ばれるかと世のことに心を配り、心が分かれるのです。独身の女や未婚の女は、身も心も聖なるものになろうとして、主のことに心を配りますが、結婚した女は、どうすれば夫に喜ばれるかと、世のことに心を配ります。私がこう言うのは、あなたがた自身の益のためです。あなたがたを束縛しようとしているのではありません。むしろ、あなたがたが品位ある生活を送って、ひたすら主に奉仕できるようになるためです。」

危機の時は、そのままの状態にとどまれ

二五節の冒頭に「未婚の人たちについて」とあります。実はここは見解が分かれているところです。「未婚の人たち」という訳は、現在結婚していない人という意味でかなり幅広い意味をもちますが、もう少し狭く「結婚適齢期にある若い未婚の男女」を指すという見解もあります。さらに狭く、「童貞の者」または「処女」とする見解もあれば、「婚約しているが、まだ結婚していない若い女性」を指すとする見解もあります。

私は、それほど狭く理解する必要はないように思います。あとで「やもめ」のことが取り上げられますから、ここは「結婚適齢期にある若い未婚の男女」を指していると理解したいと思います。

コリント教会から、未婚の者が結婚することの是非について、問い合わせがありました。コリント教会には極端な禁欲主義が入り込んでおり、キリスト者は結婚すべきでないという意見がありました。それに対してすでにパウロは八節以下で短く答えたのですが、この二五節以下でもう少し丁寧に回答しています。

パウロは二五節で「未婚の人たちについて、私は主の命令を受けてはいませんが、主のあわれみにより信頼を得ている者として、意見を述べます」と言っています。これは、未婚の人たちに対する主イエスの直接的なみことばをもっていない、また、それに関して、啓示によって使徒に直接何かが示されたわけでもない、ということです。そしてパウロは「意見を述べます」と言いますが、それは今から自分の語ることには権威がないという意味ではありません。確かに、これについて直接的な主のことばがあるわけではありません。しかしパウロは「主のあわれみにより信頼を得ている者として」意見を述べるのです。

パウロは、主のあわれみによって信頼を得ている使徒です。その使徒の権威によって語ると言っているのであって、決してこの部分には権威がないという意味ではありません。

未婚の人たちに対する勧告のことばが二六節です。

「差し迫っている危機のゆえに、男はそのままの状態にとどまるのがよい、と私は思います。」

パウロは「そのままの状態にとどまるのがよい」と言いました。つまり、未婚の人は未婚のままが良い、独身のままが良いということです。そして、この助言には理由があります。それが「差し迫っている危機のゆえに」の部分です。危機が迫っているから現状にとどまるのが良いと言っているのです。

この「危機」とは何でしょうか。それは終末の到来、キリストの再臨のことを指しています。当時のキリスト者は、イエス・キリストの再臨は間近であると思っていました。そしてこの終末の直前には、多くの苦難が起こることが知らされていました。

主イエスはこの大きな苦難を予告して言われました。

「それゆえ、預言者ダニエルによって語られたあの『荒らす忌まわしいもの』が聖なる所に立っているのを見たら……ユダヤにいる人たちは山へ逃げなさい。屋上にいる人は、家にある物を取り出そうとして下に降りてはいけません。畑にいる人は上着を取りに戻ってはいけません。それらの日、身重の女たちと乳飲み子を持つ女たちは哀れです。あなたがたの逃げるのが冬や安息日にならないように祈りなさい。そのときには、世の始まりから今に至るまでなかったような、また今後も決してないような、大きな苦難があるからです」(マタイ二四・一五～二一)。

ただならぬ苦難が予想されていました。それが、まもなく来ると考えられていたのです。ですから、この試みの時に立ち向かうには、結婚しているよりも独身のほうが良いのです。それで、未婚の人はそのままの状態にとどまっているのが良い、と言っているのです。

二七節では、「そのままの状態にとどまるのが良い」ということを、未婚の人だけでなく、既婚の人にも適用して次のように述べています。

「あなたが妻と結ばれているなら、解こうとしてはいけません。妻と結ばれていないなら、妻を得ようとしてはいけません。」

苦難の時を迎えるのだから、既婚者は結婚関係を解消してそれに備えるべきなのか、と言えば、そうではありません。つながりを解こうとしてはいけない。今与えられているもの、主が与えてくださっている状態を変えるな、とパウロは言います。未婚の者が結婚という大きな変化を背負い込むべきでないのと同様に、既婚の者が結婚の解消というような大きな変化を背負い込むべきでもないのです。危機に立ち向かうに際して、パウロは、既婚者にしろ未婚者にしろ、そのままの状態にとどまるのが良い、と言っています。主が与えてくださった今の状況を大切にすべきであって、外的状況を変えることに心を向けるべきではないのです。

このようにパウロは、終末が近づいている状況の中で、未婚の人には未婚のままでいるのが良いと勧めました。しかしだからといって、絶対に結婚はいけないと言っているのではありません。二八節で彼は言います。

「しかし、たとえあなたが結婚しても、罪を犯すわけではありません。たとえ未婚の女が結婚しても、罪を犯すわけではありません。」

七章七節で語りましたように、独身は神の賜物によります。パウロは自分自身の生活を通して、独身でいることのメリットをよく知っていました。独身であったから、後ろ髪を引かれることもなく伝道旅行を続けることができました。ですから、「私が願うのは、すべての人が私のように独身であることです」とも言いました。しかしそれは、独身の賜物がなければできないことです。つまり、独身は賜物によるのであって、そうでなければ結婚するのが良いとパウロは考えていました。それゆえここでも、「結婚しても、罪を犯すわけではありません」と明言するのです。

けれども、危機が迫っている状態ですから、結婚するには覚悟が要ります。それゆえ彼は二八節の後半でこう述べています。

「ただ、結婚する人たちは、身に苦難を招くでしょう。私はあなたがたを、そのような目にあわせたくないのです。」

世の終わりに先立つ苦難については、先ほどの主イエスのみことばにあるとおりです。そして主が「それらの日、身重の女たちと乳飲み子を持つ女たちは哀れです」と言われたように、結婚している者には、独身の者以上の苦難が伴うのです。終わりの時は、だれにとっても厳しい苦しみが満ちている時です。そして結婚に踏み切れば、その苦しみが増す可能性があります。

それゆえパウロは、「私はあなたがたを、そのような目にあわせたくない」と考えました。過度な労苦を負ってほしくないということです。危機が迫っているとの終末意識が、パウロの勧告の背後にあります。その意味でパウロの勧告は、コリントの信徒たちの具体的な歩みに心を配った、きわめて現実的なものなのです。

過ぎ去るものを土台としない

私たちは、このときのパウロやコリントの信徒たちがもっていたような終末意識をもっていません。確かに私たちも終末意識をもつ必要があります。イエス・キリストがいつ再臨されるかは分かりません。その緊張感をもって生きることは、私たちの信仰生活にとって非常に大切なことです。

しかし、いつ主が来られても良いように生きる必要はありますが、まもなく来られるということを前提にして、生活を形づくることが求められているわけではありません。それゆえ、たとえば未婚の方から結婚したいという相談を受けたとき、主の再臨が近いから独身でいなさいと助言することはありません。

では、今日学んでいるパウロのことばは、私たちにとってどのような意味をもつのでしょうか。特殊な時代の、特殊な助言で終わらせてよいのでしょうか。もちろん、そうではありません。そこには、キリスト者が学び取らなければならない、普遍的な原則があります。それは「時の認識」と「それと結びついた生活態度」ということです。

パウロは、主の再臨が近いという「時の認識」に立った生活態度を求めました。私たちも、正しい「時の認識」に立った生活態度が求められています。では、私たちがもつべき「時の認識」とは何でしょうか。

イエス・キリストがいつ来られるか、それは父なる神以外のだれにも分かりません。しかし私たちキリスト者に求められているのは、いつ主が来られてもよいように生きることです。私たちもまた、終末を意識して生きる必要があります。いつ主が来られるのか分からない。また私たちは、いつ自分の人生が終わるかも分かりません。いつ死ぬか分からない。いつ召されるか分からないのです。

死というのは、一人ひとりにとって究極のことであり、終末的なことです。それがいつ来るか分からない。その意味で私たちは、いつも主を意識し、また死を意識して生きる必要があります。

そのような「究極の時」があるのです。自分には分からない「時」がある。決定的な「時」がある。そして、日ごとに確実に私たちはそれに近づいています。終末に近づいているのです。そう考えたとき、パウロの助言は私たちへの助言として現実味を帯びてきます。パウロは二九節から三一節でこう述べています。

「兄弟たち、私は次のことを言いたいのです。時は短くなっています。今からは、妻のいる人は妻のいない人のようにしていなさい。泣いている人は泣いていないかのように、喜んでいる人は喜んでいないかのように、買う人は所有していないかのようにしていなさい。世と関わる人は関わりすぎないようにしなさい。この世の有様は過ぎ去るからです。」「定められた時」というのは、パウロにとっては間近に迫った主の再臨ですが、私たち一人ひとりにとっても「時」はまさに近づいています。そういう者はどう生きたらよいのでしょうか。

パウロの主張は一言で言えば、この世から自由に生きなさい、この世の現実から自由になりなさいということです。ここでパウロは具体的に五つのことを挙げています。

第一が、「妻のいる人は妻のいない人のようにしていなさい」です。夫あるいは妻という配偶者にしがみついて生きてはいけない、ということです。妻ある者は妻を失うことに耐えることができ、その心備えをする必要がある。夫婦の幸福な生活が何よりも大事で、配偶者なしでは生きられないようになってはいけない、ということです。

第二と第三が、「泣いている人は泣いていないかのように、喜んでいる人は喜んでいないかのように」です。この世で深い悲しみのどん底に沈んだり、反対にこの世の喜びに有頂天になったりしてはならない、ということです。この世的な喜怒哀楽が、生活のすべてになってはならないのです。

第四は、「買う人は所有していないかのようにしていなさい」です。この世的な生活の中心には、物を欲し、それを買い、所有することがあります。物を欲しがる欲求、物欲というものを私たちは軽く見ることはできません。物欲の虜《とりこ》、所有欲の虜になってはなりません。経済生活のことばかりに心を奪われてはならない。物を欲することや、持っている物に心を奪われてはならないのです。

第五は、「世と関わる人は関わりすぎないようにしなさい」です。この世の様々なことに関わる人は、それらの虜になる危険があります。それゆえこれは、この世の事柄に深入りし過ぎないようにという助言です。

パウロが挙げた五つのことは、まさにこの世の生活を特徴づけている点と言えます。家庭生活、この世の悲しみと喜び、物の所有などの経済生活、そしてこの世と関わること。パウロは、そうした特徴をもつこの世に生きるなかで、キリスト者は自由であるべきだと言います。この世に捕らわれてしまってはならないのです。それが家庭であったり、経済であったり、この世の享楽であったり、いろいろな可能性があります。パウロは、キリスト者はそうしたすべてのことから自由でなければならないと言います。

なぜならば、「この世の有様は過ぎ去るからです」。これがパウロの根本的な認識です。そして、その過ぎ去るものをキリスト者は生の土台としてはならないのです。私たちが生きている、その生の土台は何なのでしょうか。それが問われるのです。家庭なのか、経済生活なのか、享楽なのか、この世的な利害なのか。

私たちは何を土台にして生きているのでしょうか。信仰は私たちの生活の中で、どこに位置づけられているのでしょうか。この世の生活があって、安定があって、初めて信仰生活があるのでしょうか。だとしたら、その人の土台はこの世の生活ということになります。「この世の有様は過ぎ去る」のです。そこに私たちは土台を置いてはいけません。過ぎ去らないもの、移り行かないものを土台としなければならないのです。

パウロは、この世は過ぎ去るから、それを避けなさいと言っているのではありません。私たちのこの世の生は、結婚の問題、経済生活、この世的な喜びや悲しみ、また世の様々な事柄への関わり抜きに語ることはできません。生きるかぎり、そうした問題に関わりをもち、そこで努力する。またそれによって喜びや悲しみが与えられるというのも当然のことです。この世の中で、ある意味で非常に誠実に努力して生きるのは当然です。

しかし大切なのは、それは一時的なもの、暫定的なものであることを知っていることです。パウロは、ここに挙げた事柄が終末の到来によって限界づけられていることを自覚させようとしています。キリスト者がこの世で生き、仕事をし、家庭をもち、財を所有し、時には泣き、時には笑うのは当然のことです。しかしこの世は過ぎ去るのです。この世のことに絶対の価値を置くことはできません。それは過ぎ行くものです。キリスト者は、そうした認識をもち、その認識に基づいて生活を形づくっていく必要があります。

この世のもの、この世の諸価値が永遠に続くかのような生き方をしてはいけません。結婚関係も、この世的な喜怒哀楽も、所有物も、価値も一時的です。この手紙の一三章でパウロが「完全なものが現れたら、部分的なものはすたれるのです」（一〇節）と述べているように、終末が来れば、この世的なものは廃れます。ですからキリスト者は、これらすべてのことを、二次的な意味しかもたないものとして生活を建てていく必要があります。

ある神学者は、キリスト者のこの世への関わりを次のように表現しました。それは「内面的な距離をもっての参加」ということばです。過ぎ行くものであるがゆえに、距離をもつのです。過ぎ行くものに心を奪われてはいけないのです。

パウロが求めているのは、過ぎ去らないものに目を留めることです。過ぎ去らないものによって生きることです。

それは何でしょうか。神との関係、キリストとの関係です。キリスト者にとって、これだけは動きません。これだけは変わりません。ですから、これによって生きるのです。イエス・キリストの十字架の贖いによって獲得された神との関係に生きる。和解した神の御前に生きるのです。

それを土台に生活しないならば、結局、この世のことを土台として生きていることになります。一時的なことに生きているのであり、それはまさに空しい生活と言えるのです。

品位ある生活を送る

パウロが願っていたのは、キリスト者が、過ぎ去ることのない神との関係に生きることでした。神との関係に立った、筋の通った信仰生活を願っていました。この世のことに心を奪われれば、それは不可能です。思い煩いの生活になります。

パウロは再び結婚の問題に戻って、三二節以下でこう言っています。

「あなたがたが思い煩わないように、と私は願います。独身の男は、どうすれば主に喜ばれるかと、主のことに心を配ります。しかし、結婚した男は、どうすれば妻に喜ばれるかと世のことに心を配り、心が分かれるのです。」

独身者は、自分の思いを主に集中し、主を喜び、主に仕え、主の業をなすことに関心を集中することができます。時間もそのために思う存分用いることができます。しかし、既婚者はそうはいきません。家族のことを考えざるを得ません。既婚者にはその義務と責任があります。この世のことに配慮せざるを得ません。それゆえ、心が二つに分かれざるを得ないのです。

三四節では、女性の場合も同様であるとして、次のように述べています。

「独身の女や未婚の女は、身も心も聖なるものになろうとして、主のことに心を配りますが、結婚した女は、どうすれば夫に喜ばれるかと、世のことに心を配ります。」結婚という絆で結ばれていない女性は、気を散らすことなく主のことに心を使い、自分を主のために聖別することができます。しかし既婚者は、夫のために、また家族のために配慮しなければなりません。それは主にある義務と責任です。

結婚に伴う義務と責任のゆえに、既婚者は必然的に心が分かれることになります。さらには、終末の苦難が近い。だから、そのような思い煩いの中に身を投じるべきではない、とパウロは助言しているのです。

そして最後の三五節が、この段落のパウロの結論です。

「私がこう言うのは、あなたがた自身の益のためです。あなたがたを束縛しようとしているのではありません。むしろ、あなたがたが品位ある生活を送って、ひたすら主に奉仕できるようになるためです。」

第一に、パウロは決して新しい戒律を与えようとしているのではありません。精いっぱいの助言をしますが、それを強制し、束縛しようとしているのではありません。パウロは各人が、自分の意志で、神の前に正しいと思える自らの歩みを選び取っていくことを願っています。

第二に、パウロが根本的にコリントの信徒たちに願っていたのは、三五節の後半にあるように、彼らが「品位ある生活を送って、ひたすら主に奉仕」することでした。「品位ある生活を送る」とありますが、直訳すれば、「主に対して良い姿をとる」ということです。人に対してではなく、主に対して、良い姿、美しい姿、うるわしさをもつことです。そして「ひたすら主に奉仕」するとありますが、これも意味としては、「主に対して粘り強い」、「主のもとにしっかりととどまる」、「主に対して誠実である」という意味です。

パウロは単に、未婚の人に独身のままでいなさい、と勧めたのではありません。彼が根本的に望んでいたのは、彼らが世の虜《とりこ》とならずに、主の前に生きることでした。彼らの置かれていた状況のゆえに、「独身のままでいなさい」という助言になりました。しかし最も大切なのは、独身そのもののことではなく、主の御前に生きること、それも美しく生きることであったのです。

主に対して良い姿をとる、美しい姿をとる、そして主のもとにとどまって主に仕える。それこそが、時代を超えて、キリスト者に求められていることです。そのために、私たちは生活を整えるのです。

私たち一人ひとりの「終末の時」がいつであるか、それは分かりません。しかし、私たちはその「時」から目を背けるのではなく、その時を見つめつつ、今の生活を整えていくのです。

永遠に続くのは、主イエスとの関係だけです。その主との関係を中心にしっかりと据えて、主の御前に美しく生きることが求められています。いやむしろ、主イエスを中心に据えて生きるとき、私たちは本当に、美しく生きることができるのです。

31　主にある結婚

〈Ⅰコリント七・三六～四〇〉

「ある人が、自分の婚約者に対して品位を欠いたふるまいをしていると思ったら、また、その婚約者が婚期を過ぎようとしていて、結婚すべきだと思うなら、望んでいるとおりにしなさい。罪を犯すわけではありません。二人は結婚しなさい。しかし、心のうちに固く決意し、強いられてではなく、自分の思いを制して、婚約者をそのままにしておこうと自分の心で決意するなら、それは立派なふるまいです。ですから、婚約者と結婚する人は良いことをしており、結婚しない人はもっと良いことをしているのです。

妻は、夫が生きている間は夫に縛られています。しかし、夫が死んだら、自分が願う人と結婚する自由があります。ただし、主にある結婚に限ります。しかし、そのままにしていられるなら、そのほうがもっと幸いです。これは私の意見ですが、私も神の御霊をいただいていると思います。」

自然な自分自身で神の栄光のために生きる

七章でパウロは、コリント教会からの問い合わせに答えて、結婚・独身等の問題について勧告してきました。三六節から三八節は、その補足的な議論と言えますが、実はこの箇所は、新約聖書の中でも解釈が困難なことで有名なところです。少し込み入った内容になりますが、説明しておきます。まず三六節を読みます。

「ある人が、自分の婚約者に対して品位を欠いたふるまいをしていると思ったら、また、その婚約者が婚期を過ぎようとしていて、結婚すべきだと思うなら、望んでいるとおりにしなさい。罪を犯すわけではありません。二人は結婚しなさい。」

新改訳2017自体が一つの解釈に立っているのですが、この「ある人」と「自分の婚約者」と訳されている部分について、主として三つの解釈があります。

第一が新共同訳聖書の立場です。新共同訳はこの部分を「ある人」と「自分の相手である娘」と訳しています。そして両者は、霊的結婚といわれる関係にある男と女を指すと解釈します。つまり、生涯処女で通そうとした女性が、性的交渉をもたないという約束の下に共同生活をして、その男性の保護を受けたのです。

この霊的結婚関係にある人を念頭に置いているとすれば、パウロの勧告は、そのような約束であったとしても、性的な情熱が強くなってしまい、霊的結婚を維持することができないならば、自然な結婚に変えてもよいと述べていることになります。

しかしこの見解には無理があります。一つは、確かに二世紀半ば以降にこの種の結婚があったことが知られていますが、パウロの時代にそのような制度が存在した証拠はありません。さらには、パウロが七章で述べてきたことから考えれば、彼がそのようないわば形式的で不自然な結婚を認めていたとは考えられません。独身か、本当の結婚か、その二つに一つしかないというのがパウロの主張でした。

七章一節以下では、結婚していながら禁欲している危険を、サタンの誘惑ということばを用いて指摘しました。ですから、およそパウロがこのような霊的結婚を認めていたとは考えられません。それゆえ、この解釈は成り立たないと言えます。

二番目が伝統的な解釈です。それによると、この「ある人」と「娘」とは、父親と結婚適齢期にある自分の娘を指しているとするものです。新改訳聖書第三版は三六節をこう訳しています。

「もし、処女である自分の娘の婚期も過ぎようとしていて、そのままでは、娘に対しての扱い方が正しくないと思い、またやむをえないことがあるならば、その人は、その心のままにしなさい。罪を犯すわけではありません。彼らに結婚させなさい。」

この解釈によれば、パウロの助言は次のようになります。キリスト者である父親が結婚適齢期にある娘を結婚させるべきか否かで迷っている。父親は結婚よりも独身のほうが良いと思って、あえて結婚させないつもりでいたが、今は迷っている。そのような状況にある父親に対してパウロは、今、娘の結婚を避けるべきではないと考えるならば、つまり、娘に独身の賜物はないと思うならば、結婚させたらよいと助言しているということです。

この解釈は古代教父や宗教改革者たちも取っていたもので、この立場に立つことは可能です。しかし、三六節冒頭部分の直訳である「自分の処女」という表現が、一般には「自分の娘」を表すことはないという難点があります。

第三の立場は、この男と女は婚約関係にあったという立場です。新改訳2017および口語訳聖書がこの立場です。

古代社会では、まだ少女のうちに親によって結婚相手が決められました。ギリシアでは一般に、女性は十五歳くらいの時に、三十歳くらいの男性と結婚したようです。ですから女性はさかのぼって十二歳くらいのころには、父親によって婚約させられました。

このようにして婚約者をもつ男性が、相手の女性が結婚適齢期になったにもかかわらず、教会に入り込んでいた禁欲主義的な考えを聞いて、本当に結婚してよいのか迷っていたのです。それに対してパウロは、女性が結婚適齢期を迎え、かつ情熱を感じるならば、予定どおり結婚したらよいと助言しているのです。

この第三の解釈が最も適切だと思います。しかしいずれの解釈を取ったとしても、共通していることがあります。それは不自然な禁欲主義に捕らわれてはならないということです。

女性が適齢期を迎えて性的な魅力を増し、それに対して男性が情熱を感じる。また女性も男性に対して情熱を感じる。それはある意味で自然なことです。そうした自然なことを、無理に否定して生きるのは正しいことではありません。

この日本においては、キリスト教に対して、ある抜きがたい偏見があるように思います。それは、クリスチャンとは、あれもしてはいけない、これもしてはいけない、という戒律に縛られているという偏見です。そういう意見を、皆さんも未信者の方から聞いたことがあるのではないかと思います。

ですから多くの人は、自分はクリスチャンにはなれないと考えます。クリスチャンとは戒律に縛られた生活をするもの、無理な生活、不自然な生活が信仰生活だと思われている面があるのではないかと思います。私自身もキリスト者になって間もないころは、そのように感じていた面がありました。しかし聖書は決して、戒律に縛られた不自然な生活を、信仰生活だと教えているわけではありません。もちろん、生き方、生活についての神のみこころは聖書に記されているのであり、それを無視した放縦が許されるわけではありません。生活についての神の教えを無視する無律法主義は許されません。

けれども、信仰生活とは戒律に縛られた不自然な生活なのかと言えば、そうではありません。自然を抑圧した生活が信仰生活なのかと言えば、そうではありません。むしろパウロがここで述べているように、人間の自然な欲望というものは、決して否定されるべきものでも、無理に抑えつけられるものでもありません。九節でもパウロは「しかし、自制することができないなら、結婚しなさい。欲情に燃えるより、結婚するほうがよいからです」と述べました。

もちろん、罪深い欲望に自らを委ねることは許されません。しかし、肉体をもつ人間としての自然の欲望は、正直に受けとめられるべきです。無理に抑えつけることで、人は神の栄光を現すことができるのではありません。むしろ正直に自らを見つめ、そのような自分を神は赦し、受け入れてくださっていることをしっかりと受けとめて、現実的に歩むことです。

自分を抑えて生きるのではなくて、そのような自分が神のものとされていることを感謝して、ある意味自然な自分自身で、神の栄光のために生きることが大切です。パウロはそのような自然な姿で、彼らが主に従って生きることを求めているのです。

独身の賜物

このようにパウロは、婚約した二人がそれぞれに成熟し情熱を感じるならば、予定どおり結婚するように命じました。しかし、独身で生きる道もあることを改めて三七節で記しています。

「しかし、心のうちに固く決意し、強いられてではなく、自分の思いを制して、婚約者をそのままにしておこうと自分の心で決意するなら、それは立派なふるまいです。」

ここには独身で生きるための三つの条件が記されています。第一は「心のうちに固く決意」していることです。これが自分にとって取るべき正しい方向であると、はっきりと分かっていることです。

第二は「強いられてではない」ことです。独身で生きることを外から強いられることがないことです。無理して独身で生きようとしてはなりません。自分の力や賜物がどれほどのものであるかを顧みないで、外的状況や外的力によって判断してはなりません。

第三は「自分の思いを制する」ことができること、つまり「自分の意志を自分で支配することができる」ということです。無理にではなくて、ある意味で自然にそのことができる賜物が与えられているかどうかです。自分の意志を自分で統御することができる。それが独身のための第三の条件です。

このような条件を自分が満たしていると思うなら、それは独身の賜物が与えられているということですから、独身で生きればよいとパウロは言います。その人は、結婚適齢期の女性を自由にしてあげればよいのです。

続く三八節がこの部分の結論です。

「ですから、婚約者と結婚する人は良いことをしており、結婚しない人はもっと良いことをしているのです。」

これまでの主張と同様、パウロはここでも結婚しないこと、つまり独身が結婚よりも良いと言っています。それは何よりも、自由に、そして十分に神に仕えることができるからです。それはまさにパウロの実感でした。

しかしすべての人にそれができるわけではありません。独身の無理強いは絶対にいけません。独身は、独身の賜物が与えられている人にしかできないのです。それゆえパウロは、独身の賜物がないと思うならば、素直に結婚することを勧めます。それが自然なことであり、人は結婚によって、それぞれの弱さが覆われて生きることができるのです。

再婚についての教え

続く三九節はやもめの再婚についてのパウロの助言です。

「妻は、夫が生きている間は夫に縛られています。しかし、夫が死んだら、自分が願う人と結婚する自由があります。ただし、主にある結婚に限ります。」

婚姻関係は配偶者が死んだ時に解消されるので、その後は、残された配偶者には再婚の自由があるということです。このみことばは、平穏な結婚生活を送った後に、夫がなくなった場合を念頭に置いています。それゆえ、ローマ・カトリック教会のように、一度結婚したならば、相手が生きているかぎりつながれているのであり、とにかく相手が死ぬまでは再婚の権利がないことを原理的に教えていると解釈するのは行き過ぎだと言えます。

そして再婚について「ただし、主にある結婚に限ります」とあります。これは、再婚の相手はキリスト者でなければならない、と言っているのではなく、再婚する場合はキリスト者として、キリスト者らしくそうしなさい、と言っているのです。何か律法的に「とにかくキリスト者と結婚しなさい」と言っているのではありません。もちろん、キリスト者が、結婚相手についてキリスト者のことを第一に考えるのは自然なことでしょう。しかしここの意味は、結婚ということを、キリスト者らしく考え、キリスト者として決断するということです。主に従う思いの中で結婚を決断したか、主の召しの中で、導きの中で、結婚の決心をしたかということが重要なのです。

パウロがこの章で語ってきた結婚・離婚・再婚・独身の問題は、人間にとって非常に重要なことです。信仰生活の根本に関係のあることです。コリント教会の中にこうした問題についての論争があり、悩みがあったために、パウロは丁寧に勧告しました。

しかしパウロの勧告は単に「これは良い」「これはダメ」を示すものではありませんでした。もちろん大切な原則は明確に示しています。しかし、単に「これは良い」「これはダメ」というような規則を押しつけているのではありません。

根本的に大切なのは、「主にあって」これらのことに対処することです。キリストとの関係が大切なのです。具体的な問題の中で、キリストとの関係が曖昧になったりしないことが大切なのです。キリストとの関係以上に、結婚に関連する具体的な問題だけが大事になってはなりません。むしろ、キリストに結びついて生きることが中心であり、その光の中で、具体的な問題に対処していくことがいつも求められているのです。

その結果、ある人は再婚し、ある人は独身で生きます。またある人は離婚せざるを得ない場合もあるかもしれません。キリスト者であるからという理由で単純に、こうでなければならない、こちらでなければならないというふうに言うのではありません。一番大切なことは、キリストに結ばれて生きること、キリストの前に生きることです。その光の中で、人は何かを選択して生きていくのです。

パウロの結婚観

最後の四〇節が全体の結論です。

「しかし、そのままにしていられるなら、そのほうがもっと幸いです。これは私の意見ですが、私も神の御霊をいただいていると思います。」

「しかし、そのままにしていられるなら、そのほうがもっと幸いです」とあります。三九節とのつながりを重視すれば、これは夫に死なれた女性に再婚せずにいるのが良い、と言っていることになりますが、むしろこの部分は、七章全体の結論として読むほうが良いでしょう。つまり、そのままの状態にとどまるのが良いという勧めです。パウロは二六節でこう述べていました。

「差し迫っている危機のゆえに、男はそのままの状態にとどまるのがよい、と私は思います。」

終末が近づくなかで、大きな変化を自らに抱え込むべきではない。結婚しているならそれを大切にし、独身ならばそのままで良い。主に導かれてきた今の状況を受けとめて生きるように、パウロは勧めました。それが最後にもう一度繰り返されています。

そして「私も神の御霊をいただいていると思います」とパウロは付け加えています。確かにパウロはこの章の中で、自分の意見を述べますとことわりを入れてきました。しかし彼の意見というのは、権威のない個人的判断ではありません。確かに、その事柄についての直接的なキリストの教えではないことも、彼は述べてきました。しかしパウロは決して単なる一人の人間として、倫理的道徳的判断をしてきたのではありません。

彼は「私も神の御霊をいただいている」と語ります。つまり、神の霊を受けた使徒として、その権威によって語ったのです。そこに、パウロが教会に指示を与える根拠があります。彼は使徒としての権威をもって語ったことを明言して、この部分を閉じているのです。第七章はパウロの結婚観の全体像を明らかにしている箇所ではありません。しかし、彼の考えを以下の何点かにまとめることができるでしょう。

第一に、パウロは、主イエスが教えられたように、結婚は神が創造し、秩序づけられたものとして重んじていたことです。当たり前のことですが、主イエスが教えられた結婚の意義をしっかりと継承しています。

第二に、二元論的な根拠からの禁欲主義を退けていることです。霊と肉を分離して、霊こそが善きものであり、肉を劣ったものとして軽視するギリシア思想は、極端な禁欲主義を生み出していました。パウロはそれを否定し、人間を霊肉の統一体とみなし、その全体に健全に関わるものとして結婚を理解しています。

第三に、独身のメリットを確信していたことです。パウロ自身がそうであったように、独身であれば、生活全体をもってキリストに仕えることができるからです。しかし独身は神の賜物によります。賜物が与えられていなければ、それはかないません。その意味で、単純に独身が結婚にまさるとは言えません。

第四に、結婚に関連する助言の中で、パウロが根本的に願っていたのは、一五節にあったように、一人ひとりが「平和を得た」生活を送ることであり、三五節にあったように、一人ひとりが「品位のある生活を送って、ひたすら主に奉仕できる」ことでした。パウロの助言はすべて、そこに向けられていました。

一人ひとりが平和で、主の御前に美しい姿で生きることができること。そして喜んで主に仕えることができること。それが、パウロが究極的に望んでいたことです。そして、一人ひとりがそのように平和な生活を送り、ひたすら主に仕えることができるとき、教会もまた真の平和に満たされることになるのです。

32　愛は人を育てる

〈Iコリント八・一〜三〉

「次に、偶像に献げた肉についてですが、『私たちはみな知識を持っている』ということは分かっています。しかし、知識は人を高ぶらせ、愛は人を育てます。自分は何かを知っていると思う人がいたら、その人は、知るべきほどのことをまだ知らないのです。しかし、だれかが神を愛するなら、その人は神に知られています。」

偶像に献げた肉についての二種類の反応

具体的な信仰生活についての第二の問い合わせに対する回答が、八章から始まります。二番目の問い合わせは、偶像に献げた肉についての事柄でした。結婚の問題が、家庭生活と信仰に関するものであるとするなら、この偶像に献げた肉の問題は、社会生活と信仰との関係を問うものです。

キリスト者であるかぎり、だれでも純粋な信仰生活をしたいと願っています。しかし異教社会で生活するなかで、どうしても直面してしまう問題があります。社会生活と信仰にどう折り合いをつけるのか。異教社会の中での真実な信仰生活とは何なのか。そのことがここで問われていると言ってもよいでしょう。

そして結婚の問題での助言と同じように、ここでもパウロは、単に何か規則を作って、それを命じるという仕方で解決を図ろうとはしていません。こうしなさい、これはいけません、という指示を与えることで、簡単に解決を図ろうとはしていません。パウロは具体的な問題から進んで、キリスト者にとって根本的・基本的なことを明らかにしていきます。そしてそれを通して、具体的問題に対処することを求めているのです。

ですからこの八章から一〇章までの表向きのテーマは「偶像に献げた肉についての対応はいかにあるべきか」ですが、根本的なテーマは、キリスト者にとっての知識とは何か、愛とは何か、そして自由とは何かということです。私たちキリスト者にとっての知識と愛と自由の問題がここで問われているのです。

偶像に献げた肉に関して、コリントの信徒たちが置かれていた状況がどのようなものであったかを見ておきます。

コリントはギリシアの主要都市です。そしてこの都市における社会生活全体が、異教の神殿と密接に結びついていました。公的な会合が異教の神殿や偶像に関係のある場所で開かれ、そこで食事を共にすることが社会人としての公的な礼儀作法でした。そしてその食事の際には必ず、偶像に献げた肉が供されたのです。公的な会合はもちろん、私的な会合においても、人々が社会的な付き合いとして集まる機会には、通常、偶像に献げた肉が出されました。ですから、こうした集いを避けることは、社会の仲間との交際を絶つことを意味していたのです。

仮に、こうした集いを避けることができたとしても、それでも「偶像に献げた肉」から自由になるのはたやすいことではありませんでした。なぜなら、市場で売り出されている肉の多くは、「偶像に献げた肉」であったからです。ギリシアの異教神殿の祭儀においても動物が屠《ほふ》られました。一部は祭司の取り分となり、一部は参列者の取り分となりました。すなわち、参列者は屠られた肉の分け前にあずかって会食したのです。そして残りの肉はどうなったかといえば、公共の市場に売り出されました。それゆえ、市場で売っている肉には「偶像に献げた肉」が含まれていたのです。

ですからコリントに生きるかぎり、「偶像に献げた肉」以外の肉だけを食べるというのは、事実上不可能でした。このような肉を食べないためには、自分たちだけの専用の肉屋を作るしかありません。しかしそれは不可能なことです。

このように、当時のギリシアは異教の祭儀が社会生活にも、また私的な生活にも深く影響を及ぼしていました。そしてこれにどう対処すべきかをめぐって、教会の中で混乱や対立があったのです。

教会員の中には、キリスト者としてどうしても「偶像に献げた肉」を食べることができない、と感じている者たちもいました。彼らは良心の痛みのゆえに罪悪感を覚えて、どうしても食べられないと思いました。

しかし一方には、全く違った態度を取るキリスト者たちもいました。彼らは気にする必要はないと断言しました。神は唯一の神であり、偶像には命はない。偶像は単なる石や木による彫像にすぎない。だからそれらの前に置かれたからといって、肉自体が変わるわけではない。また、旧約時代の食物に関する律法からキリスト者は解放されている。だから、食物であるかぎり、何を食べてもよいのであって、その出所を案じる必要はない。彼らはそう考えて、良心の痛みもなく、神殿でもたれる公的な食事にもあずかり、また市場で売られている肉も何も気にせずに食べていたのです。

この問題をめぐって、教会の中に、良心に痛みを感じる「弱いキリスト者」と、痛みを感じない「強いキリスト者」がいました。そして痛みを感じない強いキリスト者たちは、そのように肉を食べることができることこそが、霊的成熟の証しであり、それこそがキリスト者の自由だと誇っていました。そして痛みを感じるキリスト者たちのことを、見下していました。存在もしない偶像の神に献げられた肉を汚れた肉のように感じ、それを食すれば自分も汚れるように感じて恐れているキリスト者を、無知で迷信的な者たちだと見下していました。そして強いキリスト者たちは、弱いキリスト者はもっと正しい知識をもつことによって、強くならなければならないと主張していたのです。

パウロにこの問題がどのように伝えられ、どのような質問がなされたのか、確かなことは分かりません。もしかすると、こうした弱い人々が知識を増すことによって、もっと自由に生きてよいと促してくれるような返答を、パウロに期待していたのかもしれません。

確かにパウロは、キリスト者は自由であると確信していました。コリントの信徒たちにも、そのように教えたことでしょう。ですから理屈だけから言うならば、パウロは強いキリスト者の主張と一致するはずです。強いキリスト者たちは、パウロが自分たちの立場に賛意を示して、弱いキリスト者たちが知識を増して、良心の咎めを乗り越えるように命じることを期待していたのでしょう。

しかしパウロの返答はそうではありませんでした。むしろ彼が問題にしたのは、強いキリスト者の態度でした。パウロは、知識がある者たちのほうこそが、自分たちの行動を違う規準で再考するようにと促したのです。

知識は人を高ぶらせ、愛は人を育てる

一節でパウロは言っています。

「次に、偶像に献げた肉についてですが、『私たちはみな知識を持っている』ということ

は分かっています。」

「私たちはみな知識を持っている」という部分が括弧に入れられていますが、これはおそらく、コリントの信徒たちからの手紙のことばの引用なのでしょう。パウロは彼らが知識をもっていることを認めています。神は唯一であって、偶像の神など存在しないという知識です。

しかしパウロはここで、その知識が「本当の知識」といえるかどうかを問うています。本当の知識として、機能しているかどうかです。

あらゆる問題に対処するために、正しい知識は欠かせないものです。聖書の知識、神学の知識がなければ、教会における問題、信仰生活の問題に正しく対処することはできません。私自身、学び続けなければ牧師はできないと痛感しています。しかし学んで知識を得れば、知識さえあれば良い牧師になれるのかといえば、もちろんそうではありません。知識さえあれば、正しい指導ができるというわけではないのです。

パウロはここで、知識を有していたキリスト者の心のあり方を問います。知識をもち、弱いキリスト者たちを見下していた者たちの心のありようを問います。彼はこう言います。

「知識は人を高ぶらせ、愛は人を育てます」（一節後半）。

まず、知識が陥りやすい傾向が示されています。「知識は人を高ぶらせる」。この高ぶらせると訳されていることばは、膨れ上がるという意味です。風船を吹いて膨れるという感じです。つまり、中身は空っぽなのです。中身がないのに膨れ上がっている。知識はしばしば人を高ぶらせます。しかし高ぶりこそ、キリスト者のあるべき姿と対極にあるものです。そしてそういう知識は、見せかけだけのものであり、中身もないのに膨れているだけなのです。

知識はしばしば傲慢な心を人の中に呼び起こします。自分が偉くなったかのように感じたり、自分はすべてにおいて正しく振舞っているように感じたりします。知識には、そのような高慢に陥らせる要素があるのです。コリントにおける強いキリスト者たちは、まさにそれに陥っていました。

このような知識に対して、パウロはより優れたものとして「愛」を対峙させています。「知識は人を高ぶらせ、愛は人を育てます。」

知識はときに人を惑わし、倒錯した歩みに人を誘惑するのです。高慢な人は、神を畏れることも、従うこともできなくなります。それゆえ教会は、単なる知識以上のものを必要とします。それがまさに「愛」です。

「愛は人を育てます」とあります。この「育てる」と訳されていることばは、建築に関係することばで「建てる」という意味です。知識は見せかけで「膨れている」だけでした。しかし愛は見せかけではなくて、実質的に家を建て上げていきます。

個人にしろ、教会にしろ、何か確かなものが建て上げられていくには、必ず愛が必要です。正しい知識も必要でしょう。しかし「愛」がなければ、建て上げられていくことはありません。愛のない知識は、裁くだけのものになります。裁く手段になります。しかし愛があるなら、知識も用いられて、建て上げることになるのです。

知識はときに自分個人を高ぶらせるものです。すなわち自己中心になりやすいものです。しかし愛は建て上げるものですから、人と関わり、また教会を建てるものとなります。愛がなければ、教会は建ちません。愛こそが教会の徳を高め、兄弟姉妹の交わりを確かなものとするのです。

愛は、真の意味で他者に関心をもち、上から命じるのではなく、下から支えるものです。それが教会を建てるのであり、教会はそのような相互の愛によって建て上げられるところなのです。

真の知識は人をへりくだらせる

二節でパウロは、知識の生み出す高ぶりを打ち砕こうとしています。

「自分は何かを知っていると思う人がいたら、その人は、知るべきほどのことをまだ知らないのです。」

「自分は何かを知っている」は完了時制ですので、確かな知識を得た、事柄を知り尽くしたという意味です。しかしそう思う人は「知るべきほどのことをまだ知らないのです」とパウロは言います。

「知るべきほどのことをまだ知らない」と聞きますと、この人は十のうちの一を知っただけで残りの九をまだ知らない、という意味にも読めますが、この文が意味しているのは知識の範囲や分量のことではありません。十のうちの五を知っているけれども、より重要な五を知らないという意味でもありません。

直訳すれば、「その人はまだ知るべき仕方で知っていない」となります。問題は知識の量のことではないのです。むしろ、知識の「知り方」です。パウロがここで問題にしているのは、自分は何かを知っていると思う人は、知識の「知り方」が誤っている、というのです。

問われているのは、人と知識との関係です。コリント教会の強いキリスト者たちは、知識を得ることによって高慢になりました。知識をもつことで彼らは高ぶり、弱いキリスト者たちを見下しました。そのように、知識を得て高慢になるとしたら、それは知るべき仕方で知ってはいない、ということです。高ぶりに結びつくならば、それは真の知識ではないのです。

真の知識は、自分がいかに無知であるかを悟らせるものです。ですから、自分には知識があると思う者は、実は知的には未熟な者にすぎません。

パウロは知識そのものを断罪しているのではありません。正しい知識は不可欠のものです。聖書を正しく理解し、その基本的な教えを理解することは、信仰生活にとって不可欠です。しかし知識が、とりわけ神知識が、自分を高ぶらせるとしたならば、それは「知り方」が根本的に間違っているということです。パウロが断罪しているのは、知識ではなく、知識を得たといって、うぬぼれている者たちの「心のあり方」なのです。

ここで言っている知識とは、聖書の知識、神に関する知識のことです。真の神を本当に知るならば、それは必ず人間に謙遜をもたらします。必ず人をへりくだる者とします。神を知るということは、神の御前における自分の本当の姿を知ることです。自分がいかに小さな者であり、罪深い者であるかを知ることです。

そして、そのどうしようもない者が、ただ恵みによって救われたことを知るということです。ですから、神を知ることは、本来必然的に人をへりくだらせるのです。

しかし人間の罪は、そのような神知識をも利用して、自分を高めようとします。そのとき、神知識はもはや正しい「知り方」で知られてはいないのです。カルヴァンが言うように、「傲慢のあるところには、無知がはびこり、神を知る知識は存在しない」（『カルヴァン新約聖書註解Ⅷ　コリント前書』一九一頁）のです。

神に愛された人として愛に生きる

そして三節が一つの結論です。

「しかし、だれかが神を愛するなら、その人は神に知られています。」

キリスト者のもつ知識のことが問題になっていました。通常、知識というと、私たち一人ひとりが学んでもつものだと考えられます。たくさん知識をもつ人と、あまりもたない人がいる。コリント教会には、たくさん知識をもつと自認していた人たちが、大きな顔をしていました。

けれどもパウロはここで、最も重要なことは、私たち人間が知識をもつことにあるのではないと言います。ギリシア世界では知識が強調されました。そして教会にもその影響がありました。しかしその傾向に対して、パウロは注意を喚起しています。

自分が神を知る、真の知識をもつ。実はそのことが決定的なことではありません。最も重要なのは、自分が神を知っていることではなく、神が自分を知っていてくださることにあるのです。

一節、二節の文の流れからすると、三節は何かひねりを加えたような文章です。「だれかが神を愛するなら、その人は神を知っているのです」ならば、より自然です。ところが、パウロはここで「その人は神に知られているのです」と記しました。

彼はここで考え方の転換を求めていると言ってよいでしょう。コリントの信徒たちは、自分がもつ神知識を問題にしていました。たくさんの正しい知識をもつことが、何より大事と考えていました。しかしパウロはその知識の源にさかのぼるのです。

三節の「神を愛する」というのは「神を知る」と言ってもよいのですが、人間が神を知り、神を愛するようになるのは、何によるのでしょうか。私たちが真の神を知り、神を愛するようになったのは、私たちが神を選んだからでしょうか。そうではありません。神が私たちを選んでくださったからです。私たちに目を留めてくださったからです。ですから、私たちが今、神を知っているということ、その神知識はどこから始まったのかといえば、神に選ばれたこと、神に愛されたこと、そして神に知られていることからなのです。

神に知られ、神に愛されているがゆえに、私たちは神を知り、神を愛する者になりました。自分が神を選んだのではありません。神が私たちを選ばれたのです。それゆえ私たちは神を知る者となりました。真の知識をもつ者となりました。

神の選びと愛が先です。愛され、受け入れられたから、そこで初めて、自分も愛する者に、人を受け入れるものに変えられたのです。

ですから、神を知る者、神知識をもつ者は、その神の愛を知る者です。どうしようもない自分、滅んで当然の罪人の自分を見捨てず、目を留めて、愛して、御子の贖いによって救ってくださったその神を知る者です。

とすれば、その神知識で自分を高めたり、まして人を裁く手段にしていたとしたら、それは本末転倒も甚だしいと言わなければなりません。しかし現実には、コリント教会でそうであったように、知識はしばしば人を高ぶらせるのです。そして混乱や対立のもととなります。

そうならないために大切なことは、いつも根源にさかのぼって考えることです。なぜ今の自分は、神を知る者とされているのか、神を愛する者とされているのか。それはただ神の選びと恵みのゆえです。そのことが本当に分かれば、人は決して知識を、自分を高めるために用いません。人を裁くために用いることはできません。

「知識は人を高ぶらせ、愛は人を育てます」とパウロは言いました。

私たちが今、神を知っているのは、神が私たちを愛してくださったことによるのであり、その意味で、神知識の源には神の愛があります。それゆえ私たちは常に、知識と愛を結びつける必要があります。

そして愛は、人を育て、造り上げるもの、建て上げるものです。見せかけではなく、実質的に建て上げるものです。神の愛によって私たちは、罪を赦されて新しい人となりました。新しい人として創造されました。実質的な力ある業がなされました。神の愛にはその力があります。

そしてその神の愛にあずかり、神の愛を知る私たちも、この造り上げる愛に生きることが求められています。人を建て上げ、教会を建て上げるためには、確かに聖書の正しい知識が必要です。教理も大切です。しかし、真の知識のしるしは「愛」なのです。愛に結びつかない知識は、真の知識ではありません。

教会は、実質的に一人ひとりを建て上げ、それを通して群れとして成長するところです。教会のかしらであるキリストの愛が、神の愛がそれを成し遂げてくださいます。私たちは、その神の愛を真に知る者として、その業に共にあずかるのです。

33 唯一の神、唯一の主

〈Ⅰコリント八・四〜六〉

「さて、偶像に献げた肉を食べることについてですが、『世の偶像の神は実際には存在せず、唯一の神以外には神は存在しない』ことを私たちは知っています。というのは、多くの神々や多くの主があるとされているように、たとえ、神々と呼ばれるものが天にも地にもあったとしても、私たちには、父なる唯一の神がおられるだけで、この神からすべてのものは発し、この神に私たちは至るからです。また、唯一の主なるイエス・キリストがおられるだけで、この主によってすべてのものは存在し、この主によって私たちも存在するからです。」

唯一の神以外に神は存在しない

偶像に献げた肉についての問い合わせに対して、パウロは四節でこう述べています。

「さて、偶像に献げた肉を食べることについてですが、『世の偶像の神は実際には存在せず、唯一の神以外には神は存在しない』ことを私たちは知っています。」

一〜三節で、知識の危険性について述べたパウロですが、四節から六節で、正しい知識をまず確認します。知識には確かに危険がありますが、パウロは知識自体を批判しているのではありません。彼が批判していたのは、知識ではなくて、知識を得たといってうぬぼれている人の「心のあり方」でした。パウロはその危険性に留意しつつも、正しい知識をもつことの大切さをここでは明らかにしていきます。

『世の偶像の神は実際には存在せず、唯一の神以外には神は存在しない』ことを私たちは知っています」とパウロは言います。この「世の偶像の神は実際には存在せず、唯一の神以外には神は存在しない」の部分は、コリントの信徒たちの主張の引用である可能性があります。そしてパウロはその主張に賛意を示しています。異教徒の拝んでいる神々は神ではない。そこに真の神はいないということです。

コリントの町にはたくさんの偶像がありました。そして多くの人たちが偶像を礼拝し、偶像の前に供え物をしていました。私たちの国にも多くの偶像があり、人々はその偶像を拝んだり、供え物をしたりしていますが、コリントでは日本以上にそれが盛んであったと思われます。

そういう状況を念頭に置きつつ、パウロははっきりと「世の偶像の神は実際には存在せず」と言います。さらにそれに結びつくものとして、「唯一の神以外には神は存在しない」と主張するのです。

唯一の神を信じるということは、偶像の神はないと主張することと結びつきます。当たり前のようですが、そのことを私たちはしっかりと覚えておかなければなりません。たとえ真の神という名目であっても、像を造り、それを拝することは許されないのです。目に見えない神が、像によって表され、礼拝されることがあってはなりません。

十戒の第二戒が教えている真意はそこにあります。第二戒は、「他の神々」の像を造ってはならないと命じられているのではありません。「あなたは自分のために偶像を造ってはならない」（出エジプト二〇・四）のです。

シナイ山で契約を結んだイスラエルの民が最初に犯した大きな罪は、金の子牛の像を造り、これを拝したことでしたが、像ができたとき、アロンは、「イスラエルよ、これがあなたをエジプトの地から導き上った、あなたの神々だ」（出エジプト三二・四）と言いました。エジプトから救い出してくださった神を、像としてかたどり、それによって神を礼拝しようとしました。それが神に対する大きな罪であり、激しい怒りを招いたのです。

宗教改革者のカルヴァンもはっきりと次のように言っています。

「偶像なるものが、真の神を表わすためにたてられたにせよ、まやかしの神々をあらわすためのものにせよ、邪曲せる作りものであることにはかわりがない。……偶像は、神のすがた・かたちを表わしながら、人にいつわりを教えるものであり、いつわりの名で人をあざむくものだからである」（『カルヴァン新約聖書註解Ⅷ　コリント前書』一九三頁）。

唯一の神を信じる者は、決して偶像崇拝に関わってはなりません。偶像は人が造るものです。「人が造るもの」という意味で、確かにそこに芸術的・文化的価値を認めることは可能でしょう。それを否定することはできません。しかし真の神の前における意味でいえば、そこに積極的な意味を認めることはできません。

人が造るということは、人の願いを反映しているということです。人が自分の願う神を造るということです。ですから必然的に神は多くなります。そして、人間が神を造るのですから、必然的に神と人間との区別は曖昧になります。

しかし聖書の神はそのような神ではありません。神と人間ははっきりと区別されます。物や人間が神になることは絶対にありません。神だけが唯一の神であり、他のすべてのものは、神の被造物にすぎません。それゆえ、被造物で神をかたどること、礼拝することは決して許されないのです。

人はなぜ偶像を拝するのか

五節には、偶像に囲まれている社会の現実の姿が描かれています。「多くの神々や多くの主があるとされている。」また「神々と呼ばれるものが天にも地にも」ある。それがコリントの町の現状でした。至るところに神々の社《やしろ》や彫像がありました。そして多くの崇拝者で溢れていました。

「多くの神々や多くの主があるとされている」とあるように、多く人たちはそのような神々を信じていました。そうした神信仰が人々の日常生活に深く入り込んでおり、彼らは現実にそれに縛られていました。つまり、それを信じている者には、あたかもその神々が存在するかのような影響力をもっていたのです。

「神々と呼ばれるものが天にも地にも」ありました。偶像を礼拝する者は、そのような存在を信じています。しかし、そこに神がいるわけではありません。真の神のほかに、神が存在するのではありません。

けれども、聖書が教えているように、人々にありもしないものを信じさせようとする闇の力はあります。偶像そのものは、石や木や金属にすぎません。それ自体はそれ以上でも、以下でもありません。しかし、悪しき霊はそこに人々の心を縛りつけます。真の神から遠ざけること、それが悪霊の常に意図していることです。そして偶像こそが、そこで大きな力を発揮するのです。

人々はあたかも偶像の神が存在するように感じてしまいます。縛られてしまうのです。偶像を拝する者の心はそのようにして捕らわれてしまいます。そして実際に、あたかもその神が存在するかのような影響力をもつことになります。

どうしてこういうことが起きるのでしょうか。それは人間の心が、真の神を求めるという宗教性を内にもっているからです。真の神に創造された人間は本来、その神を知り、神との交わりに生きる者でした。しかし堕落によって、真の神を見失ったのです。けれども、神を求める宗教性は失われていません。しかし自分の力で神を知ることができないがゆえに、神を造ること、偶像を造ることになったのです。そしてその架空の偶像の神に縛られてしまうのです。その背後には悪しき霊が働いています。

真の神への信仰告白

多くの人たちがそのような束縛の下に置かれていました。パウロはそうした偶像信仰と対峙するかたちで、明快な信仰告白のことばを述べています。それが六節です。この六節を、初代教会の讃美歌からの引用と考える学者もいます。そうかもしれません。確かにここには、当時の教会の信仰告白の型が存在していると言えます。

「私たちには、父なる唯一の神がおられるだけで、この神からすべてのものは発し、この神に私たちは至るからです。」

「私たちには」の部分に強調があります。人々がどうかは本質的問題ではありません。多くの人たちがどう考えているかが、ここでは問題ではありません。キリスト者である私たちにとっての神、真の神についての告白がここにあります。

それによりますと、神は唯一の神です。神は唯一であられる。聖書によって啓示されている神以外に、神はおられません。それが、聖書が一貫して教えていることです。

旧約聖書の代表的な信仰告白のことばである申命記六章四節以下にはこうあります。「聞け、イスラエルよ。主は私たちの神。主は唯一である。あなたは心を尽くし、いのちを尽くし、力を尽くして、あなたの神、主を愛しなさい。」

唯一神信仰に立つこと、それが私たちの信仰です。

第二に、その神は「父なる神」であられます。六節に「父なる唯一の神がおられるだけで」とあるように、唯一の神は父なる神です。

父なる神という意味は、イエス・キリストの父なる神という意味と、私たちの父なる神という二つの意味を考えることができます。御子キリストにとってだけでなく、キリストによって神の子とされた私たちにとっても神は「父なる御方」であり、私たちは子どもとして安心して、神に近づくことができるのです。

第三に、この唯一の神は世界の創造者であるお方です。六節に「この神からすべてのものは発し」とありますが、これは、万物は神を起源としているということで、まさに神は世界の創造者であられることを意味しています。

コリントのあるギリシア世界には、こうした考えはありませんでした。ギリシアにおいては霊的なものに価値があり、物質的なものは価値なきものとみなされていました。

しかし聖書の教えはそうではありません。万物が神によって造られたのであり、そして良きものとして造られたのですから、目に見えない霊的なものだけでなく、目に見える物質的なものにも積極的な価値があります。

被造世界全体は、元来、神が造られた良きものであり、それゆえキリスト者がそこで生きることにも積極的な意義があります。霊の世界だけを意味あるものとして現実世界を見下し、逃避して、二元論的に生きることは聖書的な生き方ではありません。カルヴァンが言うように、この世界は神の栄光の舞台なのです。

第四に、パウロはこの神と私たちキリスト者との関係を、「この神に私たちは至るからです」と表現しています。「この神に私たちは至る」と聞きますと、何か将来天国に昇っていくというイメージですが、直訳すれば、「私たちはこの神に向かって存在している」となります。

私たちキリスト者の存在の方向性がここに示されています。私たちは何に目を向けて、生きているのでしょうか。逆に言えば、何に背を向けて生きているのかということです。ここで問われているのは、キリスト者の生き方の方向性です。キリスト者は何のために存在しているのか、ということです。

パウロは、キリスト者は神のために存在していると言います。自分自身のためではありません。神のために存在している。それが、私たちキリスト者の存在の意義なのです。私たちキリスト者の存在の起源も目標も、ただ唯一の神のうちにあります。ですから私たちはいつも神のもとにあり、神との生きた交わりの中に生きるのです。

キリストによって生きる幸い

六節の後半が、「主」についての告白のことばです。

「また、唯一の主なるイエス・キリストがおられるだけで、この主によってすべてのものは存在し、この主によって私たちも存在するからです。」

「主」ということばは、当時のオリエントの諸宗教に見られた神の称号で、救済者という意味でもあります。パウロはここで、その「主」が唯一であること、そして唯一の主はイエス・キリストであるとまず述べています。

六節の前半と後半は、並列になっています。つまり、前半の唯一の父なる神と、後半の唯一の主イエス・キリストとが同列に扱われています。

神が唯一であられるだけでなく、主も唯一であられ、私たちは、父なる神と主イエス・キリストを一つのこととして信じる必要があります。創造者なる神は信じるけれども、救い主イエス・キリストは信じないという信仰のあり方は成り立ちません。聖書の神信仰においては、両者は一つのこととして提示されており、一つのこととして信じることが求められています。

イエス・キリストは神の御子です。被造物ではありません。真の神です。そして真の神でありながら、真の人となられた方です。永遠の神の御子であられた方が、神としての性質と同時に、人としての性質を取られました。それがイエス・キリストです。

なぜ神なるお方が、人としての性質を取られたのでしょうか。それはただ、私たちの救いのためでした。私たちの身代わりとなるためでした。イエス・キリストは、私たちの身代わりとして、また代表として罪の刑罰を受けられました。しかも、神の御子であられたがゆえに、私たちすべての者の罪の償いがあの十字架において成し遂げられたのです。

ですからまさに、イエス・キリストは真の救い主です。真の唯一の救い主です。聖書ははっきりと、この方以外に救いはないと述べています。

パウロは六節の最後の部分で、キリストは単なる救い主ではなく、万物の仲保者であられることを明らかにしています。「この主によってすべてのものは存在し」とあります。イエス・キリストは万物の仲保者であられます。コロサイ人への手紙一章には次のように記されています。

「なぜなら、天と地にあるすべてのものは、見えるものも見えないものも、王座であれ主権であれ、支配であれ権威であれ、御子にあって造られたからです。万物は御子によって造られ、御子のために造られました。御子は万物に先立って存在し、万物は御子にあって成り立っています」(一・一六〜一七)。

主イエス・キリストは、単に私たちのたましいの救い主ではありません。御子は創造の仲介者であられ、今も「万物は御子にあって成り立っています」。主はまさに真の神であられます。

しかし本当に大切なことは、万物は御子によって創造され、支えられているという単なる知識ではなく、私たちとそのキリストとの関係です。最後にパウロは「この主によって私たちも存在するからです」と言っています。

キリストがどういうお方であられるかという客観的知識は言うまでもなく大切ですが、本質的に大切なのは、そのキリストと私たち一人ひとりとの関係なのです。万物が主によって存在しているというだけでなく、「私が」この主によって存在しているという告白と確信が何より重要です。

キリスト者としての私たちの一人ひとりの存在は、ただキリストによります。なぜならキリスト者とは、キリストによって新しく造られた者であるからです。コリント人への手紙第二の五章でパウロは「だれでもキリストのうちにあるなら、その人は新しく造られた者です。古いものは過ぎ去って、見よ、すべてが新しくなりました」(一七節)と述べています。キリスト者とは新しく造られた者です。そして私たちにとって一番大切なのは、私がキリストによって新しい者とされているという事実です。

神について、キリストについての知識を得ることで終わるのではありません。自分がこのキリストと出会い、キリストとの個人的な関係をもつことが大切です。人格的な交わりに生きることです。新しく造られた者として、キリストとの豊かな関係に生きることです。キリスト者とはまさに、キリストと共に生きる者、交わりに生きる者にほかなりません。

六節には、神について、キリストについての明快な信仰告白が記されていました。そこからも分かるように、私たちは曖昧に神を信じる者たちではありません。神の啓示の書である聖書に基づいて、私たちは明快に神を知ることができます。神がどんなお方であられるか、キリストはどんなお方であられるかをはっきりと知ることができます。

そしてそれが、自分の存在と生き方を規定します。生きる方向性が、そこで定まるのです。

人間は、真の神を知るときに初めて、自分の存在が分かります。自分が何者であり、どこから来て、どこに行くのかが分かるのです。それゆえ、神を神とする者こそが、本当の意味で人間らしく生きることができます。神を知るときに初めて、自分の存在、立場が定まります。自分の起源と目標が分かります。そして本当に落ち着けるのです。

キリスト者である私たちは、本当の意味で人間らしく生きることができます。それが、聖書が私たちに約束していることなのです。

34　他者をつまずかせないために

〈Ⅰコリント八・七～一三〉

「しかし、すべての人にこの知識があるわけではありません。ある人たちは、今まで偶像になじんできたため、偶像に献げられた肉として食べて、その弱い良心が汚されてしまいます。しかし、私たちを神の御前に立たせるのは食物ではありません。食べなくても損にならないし、食べても得になりません。ただ、あなたがたのこの権利が、弱い人たちのつまずきとならないように気をつけなさい。知識のあるあなたが偶像の宮で食事をしているのをだれかが見たら、その人はそれに後押しされて、その良心は弱いのに、偶像の神に献げた肉を食べるようにならないでしょうか。つまり、その弱い人は、あなたの知識によって滅びることになります。この兄弟のためにも、キリストは死んでくださったのです。あなたがたはこのように兄弟たちに対して罪を犯し、彼らの弱い良心を傷つけるとき、キリストに対して罪を犯しているのです。ですから、食物が私の兄弟をつまずかせるのなら、兄弟をつまずかせないために、私は今後、決して肉を食べません。」

弱い良心の人たち

七節に、「しかし、すべての人にこの知識があるわけではありません」とあります。「この知識」とは四節から六節に記されていた事柄、すなわち、神は唯一であり、主も唯一であられるということです。それゆえ、偶像の神などはないということです。

教会はもちろん、このような正しい知識をもち、それを教えなければなりません。しかし、教会員の全員が正しい知識をもち、それに基づいて実際上の結論を引き出せるほどに成熟しているかといえば、それはなかなか難しいのです。確かに知識があれば、信仰者は、偶像の神などないものとして行動することができるでしょう。しかし、皆が皆そのような境地にたどり着いているわけではありません。

コリント教会の一部の人たちの様子が、七節の後半に記されています。

「ある人たちは、今まで偶像になじんできたため、偶像に献げられた肉として食べて、その弱い良心が汚されてしまいます。」

コリントは異教の町でした。公的な生活や私的な生活にまで、異教の影響が及んでいました。それゆえ、キリスト教に回心する以前、彼らは偶像の神をまさに現実のものととらえて生活していました。そしてキリスト者になったのです。しかし、かつてあまりに偶像の神をリアルにとらえていたために、偶像の神が現実には存在しないという感覚に立ち切れない者がいました。もちろん、偶像礼拝をすることはありません。けれども、偶像の神が存在するのではという思いを、なかなか完全に払拭できない人たちがいたのです。

現代の日本に当てはめるならば、日本には多くの迷信やまじないがあって、人々の心に入り込んでいます。お日柄の良し悪し、方角の良し悪しを気にする習慣があります。また占いなどが盛んです。

キリスト者になれば、そうしたものが神のみこころに反するものであることを知ります。しかしそれでもなお、そういうことが気になってしまう人がいないわけではありません。積極的にそういったことに関わらないのは当然ですが、しかし、かつて深くそれに親しんでいたがゆえに、どうしてもその感覚を引きずってしまうということがあるのです。

コリント教会においては、とりわけ偶像の問題がそうでした。そして、偶像の神が現実には存在しないという感覚に立ち切れない者たちは、偶像に供えられた肉を食べると、どうしてもかつての偶像礼拝を思い起こさざるを得ませんでした。

そして、そうした肉を食べると、自分たちは偶像礼拝をしていると感じてしまう者たちがいました。かつての偶像礼拝に象徴されていた世界に引き戻されるように感じたのです。

彼らは、その世界から神の恵みの世界に導き出された人たちでした。しかし、彼らのうちに残っていた長年の感覚によって、偶像に献げられた肉を食べると、どうしても異教の神のもとに堕落するという思いにとらわれたのです。

　ですから、そのような彼らが、偶像に献げられた肉を食べるならば、良心が汚されることになります。「その弱い良心が汚されてしまいます」とありますが、彼らの良心はなお、偶像の力を恐れ、偶像に献げられたものを食べることを禁じました。しかし、それにもかかわらず食べるとしたら、つまりためらいを感じながら食べるとしたら、彼らはいわば偶像礼拝の意識で食べてしまうことになります。真の神に反逆する意識で食べてしまうことになります。偶像礼拝をしていると感じながら食べることは、まさに良心を汚すことです。それは、あってはならないことです。

弱い人たちのつまずきとならない

続く八節でパウロはもう一度、正しい知識による原則を確認しています。

「しかし、私たちを神の御前に立たせるのは食物ではありません。食べなくても損にならないし、食べても得になりません。」

　パウロが言うのは、食物そのものは中立であるということです。どんな種類のものであれ、食物を食べること自体が、神との関係で特別な意味をもつことはありません。食べることも、食べないことも、神との関係に影響を与えることはありません。

コリント教会にいた、知識を誇っていた「強いキリスト者」たちは、偶像に献げられた肉を食べて、自分たちがいかに自由かを誇っていました。そうすることが偶像などいないことを示す信仰の証だと言っていました。しかし実際は、食べること自体は大したことではありません。「食べても得になりません」。食べたからといって、何かを得るわけではないのです。食べることで神に近づいたり、食べないことで神から遠ざかったりするということはありません。

食物そのものは、宗教上は中立です。問題は、その人がその食物をどういうものと感じているかということです。食物そのものは宗教的に中立であっても、ある人の心がそれを汚れていると感じる場合があるのです。

コリント教会にいた「弱い人たち」がそうでした。彼らは、かつての偶像に染まった生活感覚のゆえに、なお、偶像に供えられた肉を「ただの肉」とは受け取れませんでした。そのように、心が感じてしまう人たちのことを、私たちは無視することはできません。

コリント教会の強いキリスト者たちは、そのような弱いキリスト者たちを見下しました。知識が足りないからだ、と言いました。しかし、パウロは全く違った反応を示します。正しい知識の重要性は言うまでもありません。しかし、知識は人を高ぶらせるのであって、それにまさる愛が必要なのです。

そのパウロが語る一つの結論が、九節のみことばです。

「ただ、あなたがたのこの権利が、弱い人たちのつまずきとならないように気をつけなさい。」

知識を誇っていた強いキリスト者たちに対する警告のことばです。強いキリスト者たちは、食物などに拘束されない強い精神力を誇っていました。しかし大切なのは、知識をもっている彼らの「力」や「自由」ではありません。大切なのは、彼らの権利や主張ではなく、彼らのような知識をもたず、偶像になじんできた習慣がなお心に痕跡として残っている「弱いキリスト者」たちに対する配慮なのです。

パウロははっきりと、強い者の権利が、弱い人たちのつまずきにならないように、と言います。強い人の自由が、弱い人の良心を苦しめ、追いつめるなら、そのような自由は何の益にもなりません。自由や権利を盾にとって、乱暴な主張をする人は、実は本当に大切なものを知らないのです。

コリントの強いキリスト者たちは、自分たちの自由や権利を主張し、誇りました。しかしそれによって人を害するならば、そのような自由を行使する権利は彼らにはない、とパウロは言うのです。

「弱い人たちのつまずきとなる」とあります。これは弱い人々を罪に誘う、彼らの障害になるということです。ちょうど、通り道に置かれた石のようなものです。そこを通ると、つまずいて転んでしまう。パウロは、強い信仰者の行動が、弱い信仰者の歩みの障害となってはならない、と言います。自分にとっては良いと思えることであっても、他の人には全く思いもかけないように作用することがあります。

私たちは常にそういう視点をもつ必要があります。自分の言動が、周りにいる人たちに、どのような影響を与えているかに注意深くなければなりません。これはとりわけ、牧師と役員が心しなければならないことでしょう。

主イエスもマタイの福音書の中で言われました。

「わたしを信じるこの小さい者たちの一人をつまずかせる者は、大きな石臼を首にかけられて、海の深みに沈められるほうがよいのです。つまずきを与えるこの世はわざわいです。つまずきが起こるのは避けられませんが、つまずきをもたらす者はわざわいです」(一八・六〜七)。

つまずきをもたらす者はわざわいだ、と主は言われました。私たちは自分の言動によって、決して他の人を霊的な意味で危険な目にあわせてはいけません。どちらでも良いようなことで、他の人を傷つけてはなりません。どちらでも良いならなおさら、他の人々の幸いのために配慮する必要があるのです。

弱い人のためにキリストは死なれた

一〇節、一一節は、九節の勧告を具体的な状況に当てはめて説明している部分です。「知識のあるあなたが偶像の宮で食事をしているのをだれかが見たら、その人はそれに後押しされて、その良心は弱いのに、偶像の神に献げた肉を食べるようにならないでしょうか」（一〇節）。

パウロは実際に起こりうることを描写しています。知識をもつ「強いキリスト者」が、偶像の神殿で食事の席についているのを「弱い信仰者」が見て、自分も同じことをやってみようと考えて実行する可能性があります。しかし、弱い信仰者は先ほども説明したように、偶像に献げた肉を食べるときには、どうしてもそれが偶像礼拝の行為だと感じてしまうのです。偶像の神の力が及んでいる肉と感じてしまう。彼の良心はそう感じるのです。それゆえ、その肉を食べることは偶像礼拝の行為だと感じます。しかし強いキリスト者たちが神殿で食べているのを見て、それに鼓舞されて、自己の良心の命じるところに反して、これを食べてしまう。

その人の良心の判断からすれば、このことは真の神を否定することであり、神の戒めに背くことでした。そう感じながら食べることは、その人にとってはまさに、神に対する背反なのです。真の神を捨てて、偶像の神に従うことです。

その結果、一一節にあるように、その弱い人は滅びてしまうことさえあり得ます。つまり、強い人の知識とその言動によって、弱い人に致命的な打撃を与えることがある。弱い人を罪に誘い、破滅的な災いをもたらすことがあるのです。

良心の命じるところに反して、偶像礼拝をしてしまったという思いは、おそらく弱い人の心を不安と恐れに満たすことになるでしょう。真の神から自分は決定的に離れてしまったのではないか、と良心の呵責に苦しむかもしれない。そしてそのような不安と恐れが、その人のキリスト者としての救いと平安に致命傷を与えることがないとは言えないのです。

確かにキリスト者は、正しい知識によって、みことばによって教育されていくことが必要です。良心が誤った拘束から解き放たれ、聖められていくことが必要です。しかし、個々人の信仰の成長と成熟具合は異なります。違いがあるのです。ですからコリント教会のように、弱い信仰者の信仰が裁かれて、ただ強くなることだけが期待されるというのは正しいことではありません。それがときに、弱い信仰者をひどく傷つけることになります。

一番大切なのは、パウロが一一節で言っているように、弱い信仰者も強い信仰者もいずれも「兄弟」であり、「この兄弟のためにも、キリストは死んでくださった」ことをしっかり覚えることです。弱い信仰者であっても、まずそのままで兄弟として受けとめることです。「知識がなくて、つまずくほうが悪い。自業自得だ」と言わんばかりの乱暴さが、教会にあってはなりません。教会では、弱い者に対する配慮こそが大切です。弱い人の良心を苦しめ、結果として罪と破滅に追いやってはならないことへの強い警告をパウロは発しているのです。

そしてパウロは、教会の中で弱い者こそが大切にされなければならない理由として、一二節でこう述べています。

「あなたがたはこのように兄弟たちに対して罪を犯し、彼らの弱い良心を傷つけるとき、キリストに対して罪を犯しているのです。」

なぜ弱い者が大切にされなければならないのか。パウロははっきりと、兄弟に対する罪はキリストに対する罪であるからだと言います。弱い者は、思いがけないことで傷ついたり、つまずいたりすることがあります。知識が少ないことや、霊的な未熟さによる場合も多いでしょう。しかし兄弟姉妹であるかぎり、彼らを傷つけたり、つまずかせたりすることは、キリストに対する罪だと言うのです。

主イエスはたとえ話の中で「あなたがたが、これらのわたしの兄弟たち、それも最も小さい者たちの一人にしたことは、わたしにしたのです」、また逆に「おまえたちがこの最も小さい者たちの一人にしなかったのは、わたしにしなかったのだ」と言われました（マタイ二五・四〇、四五）。

すべてのキリスト者はキリストのものです。いずれも代価を払って買い取られた尊い存在です。ですから私たちは、互いをキリストのからだの一部として敬う必要があります。そしてキリストのからだの一部である者に対する罪は、主イエスに対する罪にほかならないのです。

コリント教会には、自分たちの自由と権利に固執して、弱い人々をつまずかせる人々がいました。彼らは単に、教会共同体に害を与えていたのではありません。キリストが買い取ってくださった方を傷つけているのであって、その意味でキリストの救いの業を軽視しています。まさにキリストに対して罪を犯している。それゆえパウロは強い口調で、彼らを戒めているのです。

愛のゆえに自分の自由を制限する

この議論の結論として、パウロ自身の決意が一三節で述べられています。

「ですから、食物が私の兄弟をつまずかせるのなら、兄弟をつまずかせないために、私は今後、決して肉を食べません。」

パウロは、つまずきを与える可能性があるならば、自分の自由を制限すると述べました。彼は強い者たちの知識と自由を否定しません。その知識の内容にパウロは同意しています。しかし同時に、自由の濫用によって兄弟姉妹をつまずかせてはならないと言います。

パウロにとって一番大切なのは、自分の自由や自分の権利ではありませんでした。彼にとって最も大切なのは、兄弟姉妹の霊的益です。そして他者の霊的益のためには、自分の自由を制限すると言うのです。

確かに私たちキリスト者には自由が与えられています。何を食べることも自由です。しかし、私たちの自由はいったい何のために与えられているかということが大切です。

パウロはガラテヤ人への手紙の中でこう述べました。

「兄弟たち。あなたがたは自由を与えられるために召されたのです。ただ、その自由を肉の働く機会としないで、愛をもって互いに仕え合いなさい。律法全体は、『あなたの隣人を自分自身のように愛しなさい』という一つのことばで全うされるのです」(五・一三〜一四)。

自由を用いて、愛に生きるようにとパウロは述べました。この八章の中心テーマは、愛は知識にまさる、ということです。愛は知識よりも大切です。権利や自由を主張するのではなく、兄弟姉妹の霊的益を考えて自らの行動を決めるのです。

コリント教会では、強いキリスト者たちが知識を誇り、自由を主張することで、弱いキリスト者たちを苦しめていました。教会共同体が傷ついていました。しかしパウロは、何より愛し合う教会共同体を目指します。知識がもし共同体を傷つけているならば、それは知識の濫用です。知識は大切です。けれどもそれは、人の徳を高め、教会共同体を形成するためにあります。

そして「愛」が最も鮮やかに示されているのが、イエス・キリストの十字架です。イエス・キリストは神の子としての自由も権利も捨てられました。当然の自由と権利を捨てることによって、価なき私たちを救ってくださいました。そこに真の愛があります。

それならば私たちも、自分の自由や権利を優先して生きることはできません。何よりも、キリストがそのようにして買い取ってくださった人々を大切にしなければなりません。キリストが買い取ってくださった人として、お互いを受けとめ合うのです。キリストを通して人を見つめるのです。そこに、真の教会共同体が形成されるのです。

35　使徒の権利

〈Ⅰコリント九・一～七〉

「私には自由がないのですか。私は使徒ではないのですか。私は私たちの主イエスを見なかったのですか。あなたがたは、主にあって私の働きの実ではありませんか。たとえ私がほかの人々に対しては使徒でなくても、少なくともあなたがたに対しては使徒です。あなたがたは、私が主にあって使徒であることの証印です。私をさばく人たちに対して、私は次のように弁明します。私たちには食べたり飲んだりする権利がないのですか。私たちには、ほかの使徒たち、主の兄弟たちや、ケファのように、信者である妻を連れて歩く権利がないのですか。あるいは、私とバルナバだけには、生活のために働かなくてもよいという権利がないのですか。はたして、自分の費用で兵役に服す人がいるでしょうか。自分でぶどう園を造りながら、その実を食べない人がいるでしょうか。羊の群れを飼いながら、その乳を飲まない人がいるでしょうか。」

パウロは本当に使徒なのかという批判

キリスト者は自由です。食べ物についても自由です。それゆえ、偶像に献げた肉を食べることも自由です。しかしパウロは、もしそれが他のキリスト者のつまずきとなるなら、今後決して肉を食べないと明言しました（八・一三）。

パウロは、自分の自由や権利を制限する「自己の原則」を明らかにしました。それは「愛のための制限」と言ってもよいでしょう。権利や自由があっても、もしそれが他の人のつまずきとなるなら、それを行使しないという原則です。この同じ原理を、パウロは自らの宣教活動にも当てはめていました。

パウロが宣教活動において、権利があるにもかかわらず行使しなかった権利とは何なのでしょうか。それは、福音宣教の働きによって生活費を保証してもらうという権利です。その当然の権利を、パウロは行使しませんでした。、それが福音宣教の働きの妨げになると感じたからです。

パウロはここでも、自分自身を一つの模範として提示しています。それは、権利や自由がありつつも、ときにそれを抑制して生きるという模範です。人を建て上げるために、また教会を建て上げるために、すなわち愛のゆえに、自分の自由を制限する生き方です。

コリント教会には、自由を誇り、権利を強く主張して生きる人たちがいました。ですから彼は自分の姿を通して、自由の使い方を教えようとしました。

しかし、パウロのこの姿勢が、彼に対する思わぬ批判を招いていました。それは一言でいうなら、キリスト者の自由を自ら進んで制約するような者が本当に使徒なのかという批判です。

コリントにおける強いキリスト者は、パウロの自己抑制をばかげたことだと考えました。もしパウロが本当に使徒であるなら、指導者らしく、人々に力強く命じるべきではないか。また、迷信にとらわれているような弱い者たちを強く指導すべきではないか。良心の痛みを感じている人々のために、自分が譲るような姿勢を取るというのは、使徒としておかしいのではないか、という批判です。

強いキリスト者たちには、パウロは単に臆病で欺瞞的に見えました。そして「あれが本当に使徒なのか」という疑問ともなりました。

さらに輪をかけたのが、パウロが天幕作りという仕事をしていたことです。コリントにおいてパウロは、この仕事をして生活費を稼ぎながら伝道しました。それがまた批判の種になりました。つまり、世俗の労働に従事する者が本当に使徒なのか。使徒にふさわしくないのではないか、という批判です。

他の使徒たちは、教会からの援助を受けて、もっぱら宣教に従事していました。けれどもパウロはそうではありませんでした。それも天幕作りというしいわば低い地位の人が従事する仕事をしていました。

さらにパウロは、強い人になれず、弱い人を見ては揺れ動いているようにも見えました。本当の使徒ならば、もっと威厳と権威をもって振舞うのではないか。あまりにもパウロは弱々しいのではないか。本当に使徒なのか。

こういう批判と疑問が、コリント教会に生まれていました。

パウロが使徒である証拠

パウロはこのような批判に答えていきます。それが九章の内容です。彼はまず、鋭い、挑戦的な問いかけで語り始めています。

「私には自由がないのですか。私は使徒ではないのですか。私は私たちの主イエスを見なかったのですか。あなたがたは、主にあって私の働きの実ではありませんか」（一節）。

「私には自由がないのですか」。これは、自由の抑制に反感を感じていたコリントのキリスト者を意識したパウロのことばです。

パウロは、もちろん自分は自由だと言います。食べ物であるかぎり、何でも食べる自由を自分はもっていると言います。パウロはいわば、強いキリスト者たちが誇っていたその自由を、自分も当然もっていると憤りつつ語っています。

さらに、自分は使徒であると主張します。コリント教会の一部の者たちがパウロの使徒性を疑っていたなかで、「私は使徒ではないのですか」と自らが使徒であることを明言します。つまり、普通のキリスト者がもっている権利や自由を超えて、特別な権利や自由が自分にはあると言うのです。

パウロは自らが使徒である証拠として、二つのことを挙げています。一つは「私は私たちの主イエスを見なかったのですか」とあるように、復活の主イエスと出会ったことです。使徒というのは、福音の諸事実の証人、とりわけ復活の主イエスと出会った証人としての権威を与えられた者です。パウロはダマスコに向かう途上で、復活の主イエスと出会い、そして使徒に召されました。自分の意志で使徒になったのではありません。彼は教会を迫害するためにダマスコに向かう途中でした。主イエスとの出会いと召命は、彼の意志と全くかけ離れたものでした。

またパウロは、他の人の意志によって使徒になったのでもありません。他の人の推薦や希望で使徒になったのではありません。彼が使徒になったのは、ただイエス・キリストの召命によります。復活の主イエスがパウロと出会い、彼を回心させ、そして彼を使徒として召し出し、その任務をお与えになったのです。

パウロが挙げている彼の使徒性の第二の証拠は、彼がコリント教会を創立したことです。

「あなたがたは、主にあって私の働きの実ではありませんか」と彼は言います。コリント教会が作られたという事実です。それがパウロの伝道の成果であり、彼の使徒職の証明だというのです。

二節でパウロは続けて言います。

「たとえ私がほかの人々に対しては使徒でなくても、少なくともあなたがたに対しては使徒です。あなたがたは、私が主にあって使徒であることの証印です。」

ほかの人たちは、もしかするとパウロの使徒性に疑いを差し挟むことがあるかもしれません。しかしコリントの信徒たちはそうはできない、とパウロは言います。なぜなら、もしパウロの立場を否定するならば、それはコリント教会の人たちの立場を無効にしてしまうからです。コリント教会の人たちが、パウロが主イエスから派遣されたことを否定するなら、それは自分たちのキリスト者としての立場を危うくします。もしパウロが使徒でないならば、彼の伝道によって建てられた教会は使徒的な教会ではなくなってしまいます。だから、それを認めることはできないはずなのです。

それゆえパウロは「あなたがたは、私が主にあって使徒であることの証印です」と言います。コリント教会こそ、パウロが使徒であることを証明するものなのです。

それほど、パウロとコリント教会は特別な関係にありました。コリント教会こそが、パウロが使徒であることの証拠です。

使徒の権利

こうしてパウロは、自らが自由と権利をもつキリスト者であり、また特別な特権を与えられた使徒であることを明言しました。使徒とは、特別な時代に、神によって特に召された特別な役員たちのことを意味します。新約聖書が完結する以前の時代に、神のことばを担うために特別に召された人たちです。そして教会は、この使徒たちを土台として築き上げられました。

こうした特別に重要な役割を担った使徒たちは、主イエスから直接任命された人たちでした。教会が選んだのではありません。十二使徒が中核となり、主イエスの復活後新たに加えられる人がいました。そしてパウロがその最後であったと考えることができます。

聖書が完結する以前の特別な時代に、神のことばを担ったのが使徒たちです。その使徒的文書が新約聖書になり、文書化の完結によって使徒はなくなりました。それゆえ使徒の権威は、聖書の権威に移行したと言ってもよいでしょう。今日の私たちは、使徒をもたず、権威ある文書としての聖書をもつのです。

しかしあの時代においては、神のことばを担うという最重要の役割を担っていたのが使徒でした。それゆえ彼らは、特別な権威を帯び、特別な権利を有していたと言うことができます。

パウロは単なるキリスト者であるのみならず、そのような使徒でした。それゆえ彼には特別な権利がありました。彼はその権利を四節から六節で三つ挙げています。

もっとも彼は、この三つのことを使徒だけに特有の権利と考えていたのではありません。四節の「私たち」には、もちろん使徒も含まれますが、もう少し広く、伝道のために献身している伝道者たちが含まれています。

第一の権利は四節です。「私たちには食べたり飲んだりする権利がないのですか」とあります。「食べたり飲んだりする権利」とは、自由人として、好きなものを食べたり飲んだりすることができる権利とも読めますが、むしろここで念頭にあるのは、生活費の権利のことだと思われます。福音宣教者が、教会の負担で「食べたり飲んだり」できる。つまり生活できる権利のことです。

第二の権利は五節です。「私たちには、ほかの使徒たち、主の兄弟たちや、ケファのように、信者である妻を連れて歩く権利がないのですか」とあります。ケファ、すなわちペテロや他の使徒たちは結婚し、妻を連れて伝道旅行をしていました。また「主の兄弟たち」とは、主イエスの後に、マリアとヨセフの間に生まれた子どもたちだと考えられますが、彼らは主イエスに最も近い身内として、初代教会の中で重要な役割を果たしていたようです。彼らの多くは妻をもち、その妻を連れて伝道旅行をしていました。そしてその費用を教会が負担していました。ここでパウロが言っているのは、結婚の権利のことではありません。結婚した配偶者やその家族も、共に教会によって生活を支えてもらう権利をもっているということです。福音宣教者だけでなくその家族も、教会によってその生活を支えられるのは当然だとパウロは言っているのです。

そしてこれらを総括するかたちで、パウロは第三の権利として六節でこう述べています。

「あるいは、私とバルナバだけには、生活のために働かなくてもよいという権利がないのですか。」

伝道者は自らの生活費を稼ぐ必要はなく、教会から生活費を出してもらって伝道に専念することができるという権利です。それが原則でした。しかしパウロとバルナバは自給で伝道することを基本としていました。バルナバは、パウロの第一回伝道旅行の同伴者でした。使徒の働き一四章一四節では、パウロとともに「使徒」と呼ばれています。

第二回伝道旅行に出発する際に、マルコを同伴させるかどうかでバルナバとパウロは対立し、別々に伝道することになりますが、ここでバルナバの名前が挙げられているということは、両者の対立は決定的なものではなく、尊敬し合う関係が続いていたことが分かります。

五節に記されていた「ほかの使徒たち、主の兄弟たちや、ケファ」というのは、エルサレムを中心とするグループでした。それに対して、パウロ、バルナバたちは、アンティオキアを中心として異邦人伝道を担ったグループです。

それゆえ、この両者は異なった伝道方法を取ったのかもしれません。パウロとバルナバ、そしてテトスも基本は自給伝道でした。しかし彼らも「生活の資を得るための仕事をしなくてもよいという権利」はもっていました。権利はありましたが、それを行使しなかったのです。

パウロは、自分やバルナバのしていることがあくまで例外であることを、七節で三つの例を挙げて示しています。

「はたして、自分の費用で兵役に服す人がいるでしょうか。自分でぶどう園を造りながら、その実を食べない人がいるでしょうか。羊の群れを飼いながら、その乳を飲まない人がいるでしょうか。」

自分で費用を支払って兵隊に入る者などいません。また、ぶどう園を造る者も、羊の群れを飼う者も、当然、その労働の報酬を期待します。兵士、農夫、羊飼いと、確かに立場や身分は違いますが、仕事から報酬を得るのは同じです。

パウロはこれらの例を挙げて、使徒も伝道者も、その福音宣教という働きから報酬を得ることは当然だと言います。伝道者とその家族が、伝道者の働きによって報酬を得て生活するのは当然だと言うのです。

キリスト者の自由

このようにしてパウロは、すべての使徒たちがもっている権利を、自分も同じようにもっていると明確に主張しました。福音宣教の働きによって、糧を得るという権利です。権利はもつのです。

しかしパウロは、その自分の権利を行使することを放棄しました。なぜでしょうか。それは、権利を行使しないことが福音宣教の益になると判断したからです。権利を行使しないほうが、教会の益になると判断したからです。またそのほうが、パウロ自身も良い働きができると判断したからです。

実際にパウロは、自分の働きを振り返って、この手紙の一五章では「わたしはほかのすべての使徒よりも多く働きました」（一〇節）と言っています。異邦人世界に開拓伝道するための、彼自身の伝道戦略でもあったのでしょう。そして実際に、パウロは大きな働きをすることができたのです。

パウロは福音のため、福音宣教のために、自分を抑制することを知っていました。コリント教会には、裕福で社会的特権をもち、キリスト者の自由を主張している人たちがいました。自由に何でもできると主張して、そのように生きている者たちがいました。そうした人たちを念頭に置いて、パウロは問います。「福音のために、教会の益のために、自分を抑制すべきことはないのか」と。また「愛の共同体を建てるために、自分を抑制すべきことはないのか」と。

私たちもまた、権利をもつことと、権利を行使することの区別の重要さを知る必要があります。キリスト者として、私たちにはどんな権利があるのか、どんな自由が与えられているのか、それを知ることは本当に大切です。それは「知識の問題」だと言ってもよいでしょう。

聖書が教えている神についての知識、そして救いについての知識、そして救われている者の特権。それらを聖書から学び、正確に知ることは、私たちキリスト者が健全に生きていくうえで不可欠のものです。知識の重要性は、いくら言っても言い過ぎではありません。

しかし同時に知らなければならないのは、愛は知識にまさるということです。権利をもつことが「知識の問題」だとすれば、権利を行使するかしないかは「愛の問題」です。権利があるならば、その行使によって、教会にどのような影響を与えるかに無頓着であってよいはずはありません。

コリントの強いキリスト者たちは、権利の行使を主張して、弱いキリスト者たちを傷つけていました。それに対してパウロは、権利はもちながらも、あくまで教会の益のため、福音宣教の益のために、それを行使することを控えます。パウロはあくまで、教会の益、人々に対する愛を優先しました。愛は知識にまさることを、身をもって証しして生きていました。

宗教改革者マルティン・ルターが書いた代表的な書物に『キリスト者の自由』というものがあります。この書物は、「キリスト者とは何か」について書かれている書物ですが、冒頭にキリスト者を説明する次の二つの命題を掲げています。

「キリスト者はすべてのものの上に立つ自由な主人であって、だれにも服しない。」

「キリスト者はすべてのものに仕える僕《しもべ》であって、だれにでも服する。」

第一命題は、キリスト者は自由な主人であって、だれにも服しないと明言します。そのとおりです。キリスト者は、罪やこの世などのすべての隷属から解放された存在であり、完全な自由をもっています。完全な自由の宣言です。

しかし第二命題では、キリスト者はすべてのものに仕える僕だと明言されます。完全な奴隷の宣言です。完全に自由な者ですが、徹底して愛に生きることが求められている。自由はあくまで、互いに愛し合うために与えられたものなのです。

パウロはまさにこの命題に生きた人でした。彼ほど、キリスト者の自由を明快に理解していた人はいません。そして彼ほど、その自由を愛のために用いた人はいません。そして私たちにもまさに、このパウロの姿勢が求められているのです。

36　働きと報酬

〈Ⅰコリント九・八～一二〉

「私がこのようなことを言うのは、人間の考えによるのでしょうか。律法も同じことを言ってはいないでしょうか。モーセの律法には『脱穀をしている牛に口籠をはめてはならない』と書いてあります。はたして神は、牛のことを気にかけておられるのでしょうか。私たちのために言っておられるのではありませんか。そうです。私たちのために書かれているのです。なぜなら、耕す者が望みを持って耕し、脱穀する者が分配を受ける望みを持って仕事をするのは、当然だからです。私たちがあなたがたに御霊のものを蒔いたのなら、あなたがたから物質的なものを刈り取ることは、行き過ぎでしょうか。ほかの人々があなたがたに対する権利にあずかっているのなら、私たちは、なおさらそうではありませんか。それなのに、私たちはこの権利を用いませんでした。むしろ、キリストの福音に対し何の妨げにもならないように、すべてのことを耐え忍んでいます。」

伝道者の働きと報酬

コリント教会は、パウロの開拓伝道によって生まれた教会です。パウロは、天幕作りの仕事をしながら伝道しました。そして回心者が与えられ、群れが形成されました。

パウロが自ら労働して稼ぎながら伝道したのは、それがコリント伝道にとって益が大きいと判断したからです。決して、教会から報酬を受け取らないのが原理的に正しいと考えたからではありません。むしろパウロは、伝道者は教会によって生活を支えてもらう権利があると明確に考えていました。八節以下でその議論を展開していきます。

「私がこのようなことを言うのは、人間の考えによるのでしょうか。律法も同じことを言ってはいないでしょうか」（八節）。

パウロは、一般常識からの判断だけでなく、旧約聖書の律法も教えていることとして、伝道者は教会に生活を支えてもらう権利があると主張します。労働に対して報酬を要求することが正当なのは、神の律法に支持されていることであり、その主張には神的な根拠があるのです。

そして彼は旧約聖書の律法を引用しています。九節以下にこうあります。

「モーセの律法には『脱穀をしている牛に口籠をはめてはならない』と書いてあります。

はたして神は、牛のことを気にかけておられるのでしょうか。私たちのために言っておられるのではありませんか。そうです。私たちのために書かれているのです。」

「脱穀をしている牛に口籠をはめてはならない」は、申命記二五章四節のみことばです。古代イスラエルでは、脱穀には牛が用いられました。平らな岩の上や床の上に広げられたもみの上を、牛は繰り返し歩かされました。そして牛がもみを踏めば、もみ殻が穀粒からはずれます。それを農夫が空中に投げて、もみ殻だけを風で飛ばすのです。それが当時の脱穀作業でした。

ですから、脱穀の主要な労働は牛が行いました。そして律法は、牛が穀物を踏んでいる最中は口籠をかけてはならない、と規定しました。繰り返して労働をしているにもかかわらず、残酷にも食事ができないようにしてはならない、ということです。牛は仕事をしているのだから、当然、それを食べることは許されるべきです。食べられないように口籠をはめることは残酷であり、してはならないと定められていました。

このように、この規定の文字どおりの意味は牛に関する規定です。しかしパウロはここで「はたして神は、牛のことを気にかけておられるのでしょうか。私たちのために言っておられるのではありませんか。そうです。私たちのために書かれているのです」と述べています。

つまり、この規定は最初から牛のことではなく、人間のことを考えて定められているのです。申命記を見ますと、この二五章四節の前後は、もっぱら人間の尊厳や正義の問題に関する規定が記されています。その中に突然、牛に関する規定があり、少し違和感があります。つまりこの規定は最初から比喩的意味をもっていました。すなわち、牛のことを考えていたのではなく、最初から人間の働きと報酬について定めた律法だったのです。

賃金のことを定める律法なら、ほかにもありました。しかしパウロがあえてこのみことばを選んでいるということは、これが最初から人間のことを教えるみことばであったからです。労力を提供させられた牛でさえ、その収穫の分け前にあずかるのだから、まして人間は、労働に対する収穫にあずかって当然です。だれも、収穫にあずからずに、単に労働だけを課せられるようなことがあってはならない。それが神の定めです。

文字どおりの意味でいえば、それは牛のための規定でした。しかしその律法の真意は、人間の労働と報酬の関係を教えるものでした。そしてパウロは「そうです。私たちのために書かれているのです」と述べることによって、それが人間の労働一般に当てはまるだけでなく、使徒や伝道者にも当てはまると言います。伝道者もまた、その働きに対して報酬を与えられて当然なのです。

神にある希望をもって働く

パウロは以上のことをまとめて、一〇節の後半でこう記しています。

「なぜなら、耕す者が望みを持って耕し、脱穀する者が分配を受ける望みを持って仕事をするのは、当然だからです。」

報酬を待ち望み、期待して働くのは当然だということです。労働者が報酬を望んで働くのは当然です。それは伝道者も同じだとパウロは言います。報酬や収益があることを期待して働くことは決して悪いことではありません。むしろ、人間は報酬の望みや期待をもって働くべきであり、それが大切なのです。

しかし私たちはもう一歩踏み込んで考える必要があります。それは、その報酬というのは、本当のところはだれから与えられているのかということです。

確かに働きに対する報いとしての報酬は当然でしょう。しかし、働きというのはすべて自分の力でできたのでしょうか。すべてが自分の力によるならば、単純に自分の権利として報酬を期待することができるでしょう。しかしそうではありません。

だれしも健康でなければ働けません。また、仕事をするための賜物がなければ働けません。そして働く機会と場所がなければ働けません。さらに働きを支えてくれる人たちがいなければ働けません。自分の力で働いているようで、実は多くの自分以外のことに依存しています。支えられています。そのすべてが神のご支配とご配慮の下にあります。そのことを抜きに、自分の権利だけを主張することはできません。

キリスト者である私たちはそのことを知っています。ですから、権利といっても自分の働きの背後にある神の御手を覚えずにはいられません。またそのことを、私たちは決して忘れてはならないのです。

そう考えれば、権利としての報酬も、実は神が与えてくださった恵みであることが分かります。自分の力で獲得したのではなく、神が恵みによって与えてくださったものです。とすれば、感謝しかないのではないでしょうか。神に感謝をささげることは、むしろ当然なのではないでしょうか。

そう考えますと、パウロが語った「耕す者が望みを持って耕し、脱穀する者が分配を受ける望みを持って仕事をするのは、当然だからです」ということばも、違った響きをもってきます。その「望み」「分配を受ける望み」というのは、単に地上のことだけに限定されません。単に金銭的、物質的なことに限定されません。キリスト者である私たちは、神にある望みと期待という展望をもって、働くことができるのです。見えることだけにとらわれません。神にある永遠に繋がる希望をもって働くことができるのです。

キリスト者の業は、地上的な意味だけでなく、永遠に繋がる意味もあると聖書は約束しています（一五・五八）。私たちは、その永遠の希望と期待をもって、今、与えられている働きに励むことができるのです。

パウロがコリント教会に対してもつ権利

こうしてパウロは、労働に対して報酬が与えられるのは当然だということを論証しました。そしてこれを、自らに当てはめて一一節でこう語ります。

「私たちがあなたがたに御霊のものを蒔いたのなら、あなたがたから物質的なものを刈り取ることは、行き過ぎでしょうか。」

パウロはコリント教会に「御霊のもの」、すなわち霊的なものを与えてきました。イエス・キリストの福音、霊の賜物、キリスト者として生きるうえでの勧めや慰め、そのほかあらゆる意味での霊的なものです。

そのパウロが、今度は教会から「物質的なもの」、つまり地上的なもの、生活の資を得ることは行き過ぎなのでしょうか。もちろんそうではありません。彼は豊かに教会に与えてきました。ですから、それに対して報いを受けるのは、いわば当然です。

労働として自らが与えたことに対して報酬を得る。この原則自体は、伝道者も変わりません。しかし伝道者の特徴は、御霊のものを蒔いて、物質的なものを刈り取ることです。

ここに特徴があります。他の労働の場合は、通常御霊のものを蒔くことはありません。それ自体が劣っているという意味ではありませんが、いわゆる世俗のものを蒔いて、世俗のものを刈り取るのです。しかし伝道者はそうではありません。霊のものを与えるところに、その特殊性があります。

特殊であるということは、それだけ責任が重いということです。伝道者は何より、霊的なものを蒔かなければならない、霊的なものを与えなければならないのです。霊的なものの代わりに、肉のものを与えることで責任を逃れることはできません。霊的な糧を与えて群れを養い、群れを導く責任があります。それを与えることができなければ、伝道者の責任を果たしているとは言えません。そうでなければ、肉のものを刈り取る資格はありません。

パウロはひたすら、コリント教会に霊のものを与え続けた使徒、伝道者でした。それゆえ彼は一二節でこう断言します。

「ほかの人々があなたがたに対する権利にあずかっているのなら、私たちは、なおさらそうではありませんか。」

ほかのだれよりも、自分こそがコリント教会から肉のものを刈り取る権利をもっている。ほかのだれよりも、自分こそがコリント教会から生活の資を得る権利をもっているということです。

この「ほかの人々」というのは、おそらくパウロが去った後、コリントで働いていた伝道者たちのことを指していると思われます。もし彼らが、コリント教会から生活の資を得ることができるならば、自分はなおさらだと言います。またもしかすると、この「ほかの人々」というのは、パウロ以外の使徒たちのことを指しているのかもしれません。ペテロやアポロなど、ほかの使徒たちはコリントから贈り物を受けることがあったようです。彼らがそれを受けられるならば、自分はなおさらだということです。

パウロは、自分がコリント教会にしてきたことは、ほかのあらゆる奉仕者たちがコリント教会になしたことと比較にならないくらい大きいと自負していました。九章の一節にありましたように、コリント教会はパウロの「働きの実」でした。また三章一〇節にありましたように、彼がコリント教会の土台を据えたのです。ほかの人たちの働きは、そのパウロの据えた土台の上に建てたにすぎません。

パウロこそが、コリント教会の創設者であり、最大の貢献者です。それならば、その彼が、ほかの人がコリント教会に対してもつ権利以上のものをもつのは当然です。パウロはここではっきりと、自分はだれよりも権利があると主張しています。パウロは、コリント教会から生活の資を得る当然の権利があると主張しているのです。

福音に対する妨げにならない

しかしそれにもかかわらず、パウロはその権利を用いませんでした。一二節の後半で、パウロはこう記しています。

「それなのに、私たちはこの権利を用いませんでした。むしろ、キリストの福音に対し何の妨げにもならないように、すべてのことを耐え忍んでいます。」

パウロはコリント教会から生活を支えてもらう権利をもっていました。しかしそれを用いませんでした。その理由は、「キリストの福音に対し何の妨げにもならない」ためでした。

ご存じのように、パウロは熱心なユダヤ教徒からキリスト教に回心した人物です。その意味で、常にユダヤ教徒からの批判にさらされる危険がありました。つまり、彼が伝道によって生活の資を得れば、ユダヤ教徒たちから、彼は金銭欲のために転向したのだと中傷される危険性がありました。

またギリシア世界には、金儲けのための宗教者がたくさんいました。異教の祭司、占い師、異教の教師や教祖。その多くは、宗教を金儲けの手段としていました。おそらくパウロは、彼らとの違いを明確に示す必要を感じたのでしょう。金品を求めないことによって、不純な動機で働いていた多くの宗教者との違いを浮き彫りにしようとしたのです。

パウロは伝道が第一で、生活の問題は二義的なものであるということを、自らの姿勢で明らかにしておきたかったのです。伝道者でありながら、この順番が入れ替わるならば、それは人々につまずきを与えることになります。神に召されて霊的なものを与えることが第一でなく、生活の糧を得るための単なる手段として牧師をすることは許されません。

パウロの時代のユダヤ教の神殿やギリシアの異教の神殿には、実に豊かな暮らしをしていた宗教者たちがいました。宗教を金儲けの手段としていた人たちです。また、宗教改革が起こる前の腐敗した教会の状況もまさに同様でした。聖職者たちは、何ら霊的なものを人々に分け与えることなく、特権階級として贅沢な暮らしをしていました。それが、宗教改革が民衆の支持を得た大きな理由でした。

パウロは、ギリシア世界の宗教者との違いを明らかにするために、また、ユダヤ教徒からの批判を受けないためにも、コリント教会から生活費を受けることを拒みました。それによって福音が第一であることを示そうとしました。まさに身をもって示そうとしたのです。

けれども、このことは当然ながら、パウロの生活に忍耐を強いることになりました。彼自身「すべてのことを耐え忍んでいます」と言っているように、困難と欠乏を自分の身に引き受けました。報酬を受け取らないことで、パウロが自分に課した犠牲は実に大きなものでした。しかし、あらゆる意味でキリストの福音の妨げとならないために、パウロはその一切を耐え忍んだのです。

パウロ自身は権利をもち、自由な存在でした。しかし彼にとって自由は、決して放縦を意味するのではありません。彼の行動原理は常に「キリストの福音に対し何の妨げにもならない」というものでした。これは言い換えれば、ほかの人のつまずきにならない、ということです。ほかの人が信仰の道を歩いていくときに、つまずいて転ぶような障害物にならないことです。

これは、他者に対する愛にほかなりません。パウロにとっては権利も自由も、他者に対する愛へと向けられるべきものでした。パウロは、単なる原則や理念のために、窮乏を耐え忍んだのではありません。他者に対する愛のゆえに、耐え忍んだのです。教会の益のために、また伝道の進展のために、一人ひとりのたましいのために、耐え忍びました。まさに愛は「すべてを耐え、すべてを忍ぶ」（一三・七）ものなのです。

宗教改革者のカルヴァンは、ここでパウロは二つのことをコリントの信徒たちに求めていると解説しています。

第一は、一人ひとりが福音の妨げにならない、福音を後退させないという目的をもつこと。

第二は、そのうえで、福音のために益になることは、自分にとって何であるかを考えることです。

私たちもこの二つのことを、自分の課題として受けとめたいと思います。自分が福音の妨げにならない、福音を後退させないとはどういうことか。また自分が福音のために益になるとはどういうことか。それを問うことです。変えなければならないこと、また変えることができることは何であるかを問うことです。

パウロは「キリストの福音に対し何の妨げにもならない」と言いました。これは、福音の力を信じている者の表現です。福音には本来、力があります。それは前進するものであり、人々の心をとらえ、救いに導くものです。しかし、しばしば人間がその妨げになります。

私たちは勘違いしてはなりません。自分が福音を担い、福音に力を与えるのではありません。弱々しい福音を、自分たちの懸命の努力で人々が受け入れられるようにするのではありません。そうではなく、福音に力があるのです。私たちは、それを妨げないことが大切です。私たちに力があるのではありません。イエス・キリストの福音に力があるのです。ですから、下手な小細工は要りません。

福音を福音として伝えることが大切です。そのために何が必要なのか。その姿勢を、パウロが鮮やかに示しているのです。

37　パウロの務めと誇り

〈Ⅰコリント九・一三〜一八〉

「あなたがたは、宮に奉仕している者が宮から下がる物を食べ、祭壇に仕える者が祭壇のささげ物にあずかることを知らないのですか。同じように主も、福音を宣べ伝える者が、福音の働きから生活の支えを得るように定めておられます。しかし、私はこれらの権利を一つも用いませんでした。また、私は権利を用いたくて、このように書いているのでもありません。それを用いるよりは死んだほうがましです。私の誇りを空しいものにすることは、だれにもできません。私が福音を宣べ伝えても、私の誇りにはなりません。そうせずにはいられないのです。福音を宣べ伝えないなら、私はわざわいです。私が自発的にそれをしているなら、報いがあります。自発的にするのでないとしても、それは私に務めとして委ねられているのです。では、私にどんな報いがあるのでしょう。それは、福音を宣べ伝えるときに無報酬で福音を提供し、福音宣教によって得る自分の権利を用いない、ということです。」

伝道者には、その働きによって生活の資を得る権利がある

パウロは、伝道者が教会に生活を支えてもらう権利があることを、理由を挙げて論証してきました。この九章一三節以下で、彼はさらに二つの理由を挙げています。第一の理由が一三節です。

「あなたがたは、宮に奉仕している者が宮から下がる物を食べ、祭壇に仕える者が祭壇のささげ物にあずかることを知らないのですか。」

「あなたがたは……知らないのですか」という表現は、パウロがしばしば用いるものですが、このことは知っていて当然ではないかというニュアンスです。神の宮での働き人がそこから生活の資を得るというのは、律法に規定されていることで、当たり前のことでした。民数記一八章八節にはこうあります。

「主はまたアロンに言われた。『今わたしは、わたしへの奉納物に関わる任務をあなたに与える。わたしはイスラエルの子らのすべての聖なるささげ物について、これをあなたが受け取る分とし、またあなたの子たちへの永遠の割り当てとする。』」

同じく一八章三〇節、三一節にはこうあります。

「また、あなたは彼らに言え。あなたがたが、その中からその最上の部分を献げるとき、

それはレビ人にとって打ち場からの収穫、踏み場からの収穫と見なされる。あなたがたとその家族は、どこででもそれを食べてよい。これは会見の天幕でのあなたがたの奉仕に対する報酬だからである。」

神の宮に仕えるレビ人と祭司は、その働きに対する報酬として、ささげ物の中から一定の部分を受け取ることができました。それは八節にあるように「永遠の割り当て」でありました。律法の規定に基づいて、祭司もレビ人も、その神殿での奉仕によって生活の資を得ていました。その旧約時代の聖職者についての規定が、新約時代の聖職者にも当てはまるのは当然ではないかとパウロは言います。

第二の理由が一四節です。

「同じように主も、福音を宣べ伝える者が、福音の働きから生活の支えを得るように定めておられます。」

主イエスご自身が、福音を宣べ伝える者はその伝道の働きによって生活の資を得るように指示されたということです。主は十二弟子を伝道に派遣する際、こう言われました。

「胴巻に金貨も銀貨も銅貨も入れて行ってはいけません。袋も二枚目の下着も履き物も杖も持たずに、旅に出なさい。働く者が食べ物を得るのは当然だからです」（マタイ一〇・九～一〇）。七十二人の弟子を派遣するときにも同じく、「働く者が報酬を受けるのは当然だからです」（ルカ一〇・七）と言われました。

主イエスは、派遣される弟子たちがその宣教の働きによって食べ物を得、報酬を受けるのは当然だと言われました。神の国を宣教する者が、その務めによって生活すべきというのは、主イエスが定められたことです。働く人は、それがたとえ伝道のためであったとしても、それで報酬を受けて生活するのは当然なのです。

パウロが報酬を受け取らなかった理由

以上のようにパウロは、いくつかの論拠を挙げて、使徒である自分も含め、伝道の働きに専念する人が教会によって生活を支えてもらう権利があることを明らかにしました。彼は使徒として、また伝道者として、その自分の権利を疑ったことはありませんでした。けれども、彼はその権利を用いませんでした。一五節にこうあります。

「しかし、私はこれらの権利を一つも用いませんでした。」

「私」の部分に強調があります。他の人のことはともあれ、「私自身は」ということです。これだけ、教会から生活を支えてもらう権利があることを丁寧に論証してきたなら、これまでは用いなかったけれども、これからは用いようと思う、と言うなら分かります。しかしそうではありません。

彼は続いて「私は権利を用いたくて、このように書いているのでもありません」と言います。これほど権利のことを書いてきたのは、自分のこれまでの慣例を変えるためではない、と言います。

コリント教会には、報酬を受け取らないことで、パウロが真の使徒であることを疑う人たちがいました。パウロは、自分が本当は使徒ではないことを知っているから、その弱みのゆえに、報酬を受け取らないのではないか、と論じる人たちがいました。

しかしここでパウロははっきりとそれを否定しています。パウロは使徒であり、また使徒としての当然の権利をもっています。それにもかかわらず、彼はそれを用いない。それはあくまでもパウロの自由な行為なのです。

主イエスがお許しになったことであるにもかかわらず、自分はそれを受けなかったとパウロは言います。主がお許しになったのですから、もはやそれの良し悪しは論じる必要はありません。その意味での決着はついているのであり、教会から報酬を受けても何の問題もありません。

ところが、それでもパウロは受けませんでした。それはいったい何ゆえなのでしょうか。一五節の後半にはこうあります。

「それを用いるよりは死んだほうがましです。私の誇りを空しいものにすることは、だれにもできません。」

「死んだほうがまし」というのはかなり感情的な表現です。最大限の否定と言ってよいでしょう。パウロはその使徒性のことで、また報酬を受ける受けないのことで、いろいろと邪推され、中傷されてきました。それに対するやや感情的な反応と言えるでしょう。どうしてこれほど感情的になったのでしょうか。またどうして彼はあくまで教会から報酬を受けるのを拒んだのでしょうか。それは、「パウロの誇り」に関係がありました。一五節の最後に「私の誇りを空しいものにすることは、だれにもできません」とあるとおりです。

パウロは自らの誇りをとても大切にした人です。また、「誇り」というものを、信仰と深い関連のあるものとして理解しています。実は新約聖書の中で、「誇り」ということばが用いられるのは、その大半がパウロの手紙なのです。

誇りとは、その人の生の拠りどころ、その人の存在の基盤、実存の基盤を明らかにするものです。その人が何を誇りにして生きているか、それがその人自身を表す、その人自身を定義すると言ってもよいでしょう。

パウロはすでに、キリスト者が退けなければならない「誇り」を明らかにしました。避けるべき誇りとは、肉を誇ること、外面的なことを誇ること、究極的には人間を誇ること、そして自己を誇ることです。

三章二一節で彼ははっきりと「だれも人間を誇ってはいけません」と命じました。自分のこと、自分の能力、自分の功績、自分の経済力、自分の地位や名誉、そうした自分のこと、人間のことを誇りにしてはならないと言いました。

なぜ人間を誇ってはならないのでしょうか。それは高ぶりに結びつくからです。コリント教会の一部の信徒たちは知恵を誇っていました。しかしそれがその人たち自身を、また教会を損なっていました。パウロは四章七節でこう述べました。

「いったいだれが、あなたをほかの人よりもすぐれていると認めるのですか。あなたには、何か、もらわなかったものがあるのですか。もしもらったのなら、なぜ、もらっていないかのように誇るのですか。」

すべてのものは与えられたものではないか。それならば、なぜ高ぶることができるのか、ということです。人間を誇ること、自己を誇ることをパウロは厳しく戒めます。それはキリスト者が退けなければならない誇りです。

では逆に、キリスト者はどのような誇りをもつべきなのでしょうか。パウロは端的に「誇る者は主を誇れ」と言いました。主だけを誇る。主の恵みを、主の御業を誇るのです。

パウロは徹底して主を誇りとする人でした。そしてその主イエスによって召されて、使徒とされた人です。ですから、自分のこと、また自分の働きのことで、主の栄光を傷つけることを避けたかったのです。お金のために伝道しているとか、報酬欲しさに回心したなどと思われることに耐え切れないのです。それは、自分のために主の御名が辱められることだからです。自分のために福音が妨げられることだからです。

パウロはいかなる意味でも、自分との関係で、主の御名が見下されることに耐え切れないと感じていました。そのことがパウロのこの行動と結びついています。パウロの誇りは、教会のため、宣教のために無報酬で働くことでした。そのことで、主の御名が崇められることでした。そして彼はどんな代価を払っても、この誇りを失いたくないと思っていました。主を誇るというパウロの生の根源的な原理と、この行動が結びついていたのです。

神の迫りによる伝道

パウロはこの意味で誇り高い人でした。しかし福音宣教そのものは、彼にとって「誇り」の問題ではありませんでした。一六節で「私が福音を宣べ伝えても、私の誇りにはなりません。そうせずにはいられないのです」と言っています。パウロにとって福音を宣べ伝えることは、どうしてもしなければならないことでした。そのどうしてもしなければならないことをしたとしても、それは誇りにはなりません。誇るような事柄ではないのです。パウロは自分の使徒職が、自分の選択に基づくものではないことを、はっきり自覚していました。彼が使徒になったことに、彼自身は何も関与していません。彼の希望によったのでもありませんし、彼が拒む権利もありませんでした。

ご存じのようにパウロはユダヤ教徒として、教会の熱烈な迫害者でした。キリスト者を捕らえては牢に投げ入れ、キリスト教会の撲滅を心から願い、行動していた人物です。そのパウロに、主イエスが出会ってくださり、召してくださいました。

パウロが伝道者になったのは、彼自身の選択によるのではありません。神が選び、とらえ、任命されました。ですから彼が伝道するのは、生活のため、食べるためではありません。そうではなく、何より神の命令に従うことなのです。

それゆえ、彼の働きのすべては、主への服従にほかなりませんでした。彼はなすべきことをしていただけです。神の僕《しもべ》として、神の奴隷として働いていただけです。ですからこうした働きが、誇りにはならないのです。彼はある意味で、神にある義務をひたすら果たしただけなのです。

それゆえパウロは一六節の後半でこう言っています。

「福音を宣べ伝えないなら、私はわざわいです。」

ここには、神にある強烈な義務感と、それに従わない場合の審判の意識が表されています。パウロがいかに神に迫られて伝道していたかを表す表現です。彼は決して悠然と伝道していたのではありません。神にいわば強制されて、必要に迫られて伝道していたのです。

このパウロの立場は、旧約の預言者たちと共通していたと言えるでしょう。たとえば、ユダ王国の時代に生きた預言者エレミヤは、王国の滅亡とエルサレム神殿の破壊を語るように神に迫られました。ユダ王国には多くの偶像と神への背信が満ちていました。しかし、この裁きのことばを語ることは、彼への嘲りと迫害を招くことでした。人間の思いとしては、語りたくなかったでしょう。しかしエレミヤはこう述べています。

「私が、『主のことばは宣べ伝えない。もう御名によっては語らない』と思っても、主のことばは私の心のうちで、骨の中に閉じ込められて、燃えさかる火のようになり、私は内にしまっておくのに耐えられません。もうできません」（二〇・九）。

エレミヤは主のことばを伝えない、その名によって語るまいと思いました。もの笑いとなり、非難を浴びることが分かっていますから、語るまいと思いました。しかし主のことばを閉じ込めること、抑えつけることはできませんでした。なぜなら、それは彼の心の中で「燃えさかる火のように」なったからです。抑えつけたくても抑えることができませんでした。ですから彼は語ったのです。神からの強い迫りによって語ったのです。

パウロもまさに、このエレミヤと同じでした。語らないでいることができないのです。そしてパウロもエレミヤと同じように、語ることで自らに苦難を招き続けました。しかし語らないわけにはいかない。語らなければわざわいなのです。それほどの、神からの強い義務感を負わされていました。

神の務めに生きる

その当然の帰結として、一七節でパウロはこう言います。

「私が自発的にそれをしているなら、報いがあります。自発的にするのでないとしても、それは私に務めとして委ねられているのです。」

もしパウロが自由人で、まったく自発的に福音を宣べ伝えていたとしたら、自由な人間が労働についての契約を結ぶ場合のように、報酬を要求することもできたでしょう。しかしパウロの宣教はそうではありません。彼はいわば、報酬を受けずに働くことを義務づけられている奴隷のような者です。自由人として、この職業を選んだのではありません。

パウロはここで、「それは私に務めとして委ねられているのです」と言っています。この「務め」と訳されていることばは「オイコノミア」という語ですが、これは主人から委ねられた管理の仕事を意味することばです。

当時、大金持ちは、家政や農園を切り盛りする管理人を置きました。それがオイコノモス、管理人です。彼は主人の代理者として責任ある立場にあり、人の上に立って、日々の用務を指揮しました。けれども、彼はあくまで主人に従属しており、身分は奴隷である場合が多かったのです。そして管理人に求められるのは、あくまで主人に忠実であることでした。

パウロはここで自分をこの管理人にたとえています。そして自分の業を、この管理人の業、オイコノミアだと言います。主人は、自分の考えにしたがって管理人に任務を与えます。管理人はその任務に忠実であることだけが求められます。そしてそれを十分に行ったとしても、それで管理人は自らを誇ることができるのではありません。本来なすべきことをしたにすぎないからです。

パウロは自らの宣教をこうした性質のものだと考えていました。主人である神から委託された務めであり、自分はただそれを果たす管理人なのです。そしてそれを完全に果たしたとしても、義務を果たしているにすぎません。十分に働いた後であっても、「私たちは取るに足りないしもべです。なすべきことをしただけです」（ルカ一七・一〇）と言わなければならないのです。それがパウロの自覚でした。

そしてパウロは、主人である神によってそのような福音の管理人とされたこと、務めを託されたことこそが自らの報酬だと考えていました。ですから一八節でこう言います。

「では、私にどんな報いがあるのでしょう。それは、福音を宣べ伝えるときに無報酬で福音を提供し、福音宣教によって得る自分の権利を用いない、ということです。」

パウロにとっての報酬は、外面的、物質的なものではありませんでした。彼にとっての報酬は、福音の管理人として選ばれたことでした。福音を伝えるという務めを託されたことでした。

管理人はいわば主人の奴隷です。自由人のように、その働きによって対価として報酬をもらう立場ではありません。パウロは、神がそういう立場に自分を選んでくださったこと、そのことを何より誇りに思ったのです。そしてその誇りのゆえに、教会から報酬を得るという当然の権利さえ、利用しようとしませんでした。

彼は管理人として徹底的に主に忠実でありたいと願いました。それが彼の誇りでした。使徒としてのパウロを一番深いところで支えていた誇りでした。ですから、少しでも自分のゆえに主の栄光が傷つけられたり、福音の前進が妨げられたりすることを避けようとしました。それが、彼が教会から報酬を受け取らなかった理由なのです。

このように、パウロは徹底的に「神の務め」に生きました。神を主人として、委ねられた務めを行う管理人として生きました。そのためだけに、自らを整えて生きました。この管理人としての生き方は、私たちキリスト者に基本的に求められていることです。

そして、パウロが身をもって示したのは、「主を誇る生き方」でした。そして、聖書が約束するのは、そのような生き方こそが真に幸いであるということです。主を誇りとするところに、人間の本当の自由と幸いがあります。その幸いに、私たちはいつも招かれているのです。

38　何人かでも救うために

〈Iコリント九・一九～二三〉

「私はだれに対しても自由ですが、より多くの人を獲得するために、すべての人の奴隷になりました。ユダヤ人にはユダヤ人のようになりました。ユダヤ人を獲得するためです。律法の下にある人たちには——私自身は律法の下にはいませんが——律法の下にある者のようになりました。律法の下にある人たちを獲得するためです。律法を持たない人たちには——私自身は神の律法を持たない者ではなく、キリストの律法を守る者ですが——律法を持たない者のようになりました。律法を持たない人たちを獲得するためです。弱い人たちには、弱い者になりました。弱い人たちを獲得するためです。すべての人に、すべてのものとなりました。何とかして、何人かでも救うためです。私は福音のためにあらゆることをしています。私も福音の恵みをともに受ける者となるためです。」

多くの人を救うために奴隷になる

パウロは、キリスト者の自由の問題を再度論じ始めます。一九節の冒頭で、「私はだれに対しても自由です」と言います。キリスト者は自由であるということです。キリスト者が自由であるというのは、まさに福音の本質に属することです。主イエスご自身が「あなたがたは真理を知り、真理はあなたがたを自由にします」（ヨハネ八・三二）と言われました。福音の真理が自由をもたらすのです。

またパウロもガラテヤ人への手紙の中で「キリストは、自由を得させるために私たちを解放してくださいました」（五・一）と述べ、キリストが私たちに与えてくださった中心的な事柄として自由を取り上げています。

キリスト者の自由とは、罪からの自由、律法の呪いからの自由、死と裁きからの自由、この世への隷属からの自由などを含みます。それゆえ、キリスト者の自由は、福音の中心だと言ってもよいでしょう。とりわけパウロは、自分がその自由にあずかっているというはっきりした自覚をもっていました。ですから、「私はだれに対しても自由です」と言います。けれども一九節全体はこうなっています。

「私はだれに対しても自由ですが、より多くの人を獲得するために、すべての人の奴隷になりました。」

パウロは前半で、福音による客観的事実、福音による恵みの事実をはっきりと述べています。それが、自らが自由であることです。パウロは、内面においてはいつも変わりません。キリスト者としての自由をもって生きていました。

しかし一方でパウロは、「すべての人の奴隷」になりました。内面は変わらないのですから、その対象となる人々の状況に合わせて、自分の外面を変えたということです。出会う人たちの多様性にしたがって、様々に自分の装いを変えたのです。

この「すべての人の奴隷になりました」という文は、直訳すれば「すべての人に対して私自身を奴隷にした」となります。「私自身を奴隷にした」とあるように、奴隷になったのは自らの意志による決断的行為でした。外から強いられて奴隷になったのではありません。

キリスト者の自由というのは、放縦や勝手気ままを意味する、そのような自由ではありません。コリント教会には、自由を履き違えている人たちがいました。自由を主張して、不道徳に陥ったり、またその勝手な言動によって弱い人々を傷つけていた人たちがいました。しかし福音的な意味での自由はそういうものではありません。

キリスト者は完全に自由であると同時に、すべての人の奴隷なのです。キリスト者の自由はその意味で、他者のために制限されます。けれども、それは一九節のパウロのことばによって明らかであるように、外から強制されることではありません。自由が他者のために制限されるとはいえ、それは自ら進んで自発的になされるものです。

パウロが自由を自発的に制限することには、一つの明確な目的がありました。それが一九節にある「より多くの人を獲得するため」です。できるだけ多くの人をキリストによる救いに導くためです。パウロが自らの自由を自発的に制限するのは、一人でも多くの人を救うためでした。そのために、すべての人の奴隷になりました。具体的には二〇節以下に記されているように、ユダヤ人にはユダヤ人のように、また異邦人には異邦人のようになりました。そこで出会う他者の姿のようになったのです。

しかし、目的があって他者のようになったのですから、これは決して、出会った他者といたずらに妥協することや、他者のあり方そのままを受け入れて埋没することではありません。ただ単に、他者のあり方と同じになるだけならば、もはやその出会った他者に対して、何のメッセージもインパクトも与えることができません。他者のようになることは、他者にこびることでは決してありませんし、また他者のあり方を無条件に肯定することでもありません。

今日のみことばは、キリスト教の宣教、伝道を考えるうえで非常に重要なみことばです。今日の宣教論では、宣教する対象の文化を尊重することが強調されます。それはある意味で健全なことです。けれども、相手の文化を尊重することと、伝えようとしているイエス・キリストの宣教を相対化して、その文化の中に埋没させてしまうことは別のことです。もし私たちが異教徒に伝道するという名目で、異教の習慣に対して妥協的になり、摩擦を避けることに終始したならば、それによって人々をイエス・キリストのもとに導くことができるでしょうか。できません。イエス・キリストの救いの独自性が曖昧になるならば、福音は結局意味を失うのです。キリスト教でもキリスト教でなくてもどちらでも良いならば、なぜ人々があえて福音を求めるでしょうか。

パウロが語る「すべての人の奴隷になる」というのは、決して、出会う他者のあり方にこびたり、それを無条件に肯定することではありません。また自分が無節操に相手に合わせることでもありません。

パウロは明確な目的をもっていました。それは「できるだけ多くの人を得る」ことです。一人でも多くの人をイエス・キリストの救いに導くことです。そのためには、出会う対象との接点が必要です。最初から、全く異質で接点がなければ伝道はできません。ですからパウロは、自由なパウロの側が、自らへりくだって相手に合わせ、接点を作るのです。そしてその接点を起点として、相手を救うことを目指します。

救いとは、キリストと出会って変えられることです。それゆえ、キリストを知らない相手の状況を無条件に肯定していたならば、人を生まれ変わらせる力のある福音が伝わることはありません。パウロは福音によって、人が造り変えられることを願っています。そのために、自らすべての人の奴隷になると決心しているのです。

ユダヤ人にはユダヤ人のように

二〇節から二二節には、「すべての人の奴隷になる」ことの具体的な例が挙げられています。

「ユダヤ人にはユダヤ人のようになりました。ユダヤ人を獲得するためです。律法の下にある人たちには――私自身は律法の下にはいませんが――律法の下にある者のようになりました。律法の下にある人たちを獲得するためです」（二〇節）。

パウロはもともとユダヤ人でした。しかしここであえて「ユダヤ人にはユダヤ人のようになりました」と言っています。それゆえ、この「ユダヤ人のようになる」というのは、二〇節の後半に出てくる「律法の下にある者」と同じ意味だと言えます。ユダヤ人を救うために、パウロはときには「律法の下にある者」の姿を取りました。

ここで言う「律法」は、儀式律法と考えてよいでしょう。ユダヤ人たちは、旧約聖書に記されていた儀式律法を熱心に守り、それによって自分たちが神の民であることを誇りにしていました。そして律法を知らず、それを守らない異邦人と自らを厳密に区別し、異邦人を見下していたのです。

そのようにユダヤ人と異邦人の相違はきわめて大きなものでした。しかしパウロはその両者に福音を届けることを考えていました。そのためには、両者から信頼される者でなければなりません。もし彼がどっぷりとユダヤ人集団に属し、律法につながれているように生きていたならば、異邦人は決してパウロの言うことに耳を傾けません。また逆に、もしパウロが異邦人集団に属して、律法と対立するように生きていたならば、ユダヤ人は決して彼に耳を傾けることはありません。パウロは両者に福音を届けることを願っていました。ですから、ときにはユダヤ人のように、またときには異邦人のように振舞って、何とかして福音を伝えようとしたのです。

パウロがユダヤ人に福音を伝えるために、その慣例に自分を合わせた事例が使徒の働きに記されています。たとえば一六章三節には、テモテを伝道旅行に連れて行くために、ユダヤ人の手前、彼に割礼を授けたことが記されています。また二一章には、エルサレムでユダヤ人の反感を和らげるために、彼自身も清めの式を受けたことが記されています（二一・二六節）。

パウロは、ユダヤ人がもっていた神の律法への誇りや、神を畏れる思いを大切に考えていました。そしてそれらがいずれ、キリストへの信仰に結びつくことを願っていました。ですから、律法の下にある人と同じように振舞いました。彼らが話を聞く前に、つまりイエス・キリストの福音を聞く前に、パウロを裁き、排除してしまうことがないためです。

パウロはユダヤ人にイエス・キリストの福音を伝えるために、彼らがパウロに対しても
っていた当面の障害を取り除こうとしました。そのために、律法の儀式に従うことさえし
たのです。

しかし二〇節に「私自身は律法の下にはいませんが」と記されているように、彼自身は律法に支配されてはいませんでした。イエス・キリストが律法を成就させたお方であり、キリスト者は律法の下ではなく、恵みの下にいるとパウロは確信していました。しかし、律法の支配下にある人たちを救うために、彼らと同じようなことをしたのです。

続く二一節には、今度は律法をもっていない人に対するパウロの態度が記されています。「律法を持たない人たちには――私自身は神の律法を持たない者ではなく、キリストの律法を守る者ですが――律法を持たない者のようになりました。律法を持たない人たちを獲得するためです。」

「律法を持たない人」とは異邦人のことです。直接的にはギリシア人のことを念頭に置いていると思われます。異邦人に伝道するために、パウロは異邦人の立場に立ちました。通常のユダヤ人のように振舞ったならば、ギリシア人は決してパウロに耳を傾けることはありません。

パウロがユダヤ人に接したときには、ユダヤ人のもっていた律法への誠実を尊重し、彼自身もそれに従うことがあったのですが、ギリシア人に対しては、律法への服従を要求せ

ず、むしろ自分のほうが律法をもたない者のようになりました。ユダヤ人とともにいるときは、ユダヤ人に合わせて、儀式律法をも守ったパウロですが、ギリシア人とともにいるときは、もはや儀式律法を遵守しようとはしませんでした。

このような態度を取るパウロは、無節操なのでしょうか。もちろんそうではありません。パウロはイエス・キリストの福音によって、自らがどのような恵みにあずかっているか、その恵みによる自らの立場を十分に知っていました。

二一節に、「私自身は神の律法を持たない者ではなく、キリストの律法を守る者です」とあります。キリストは律法の完成者です。それゆえパウロは、ユダヤ人が置かれていた律法の支配から解放されていました。そして新しい救いの秩序の中にありました。それが「キリストの律法」「キリストの戒め」と言えます。

それゆえパウロは確かに、古い律法から解放されていましたが、神の意志にどこまでも従順でした。彼は律法から解放されたのですが、異邦人のように律法のない者ではありませんでした。

パウロはどこまでも神の意志に従順であり、キリストの律法に従順でした。ですからたとえ彼が、ユダヤ人のようになるにしても、また異邦人のようになるにしても、それはあくまで神に従順であり、キリストの律法に従うがゆえです。神のみこころに反するような仕方で、ユダヤ人のようになったり、異邦人のようになったりすることはありません。

それゆえ異邦人のようになるといっても、それは決して偶像崇拝や異教宗教に妥協的になるということではありません。パウロは、神の僕《しもべ》にふさわしい奉仕として許されるかぎりにおいて、異邦人を獲得するために異邦人の慣習に自らを合わせたのです。

外側から見れば、無節操に見えたかもしれません。しかし彼自身の中ではまっすぐに筋が通っていました。それはまさにキリストの律法に従うという原則です。

宗教改革者のカルヴァンは、このように状況や対象によって、振舞いや態度を変えることができるのは「どちらでも良い事柄」に限る、と明確に述べています。神の御前にそれ自体が善でも悪でもない事柄、どちらでも良い事柄については、確かに自由です。しかしむしろ、そのような事柄にどう対処するかという点で、キリスト者の真価が問われるのです。

私たちの日々の生活の中で、それ自体が善でも悪でもない事柄に対処することはたくさんあります。「どちらでも良い」のだから、「どちらでも良い」と開き直ってはいけません。そこでこそ、パウロのように、他の人の救いのために何が益となるかをよく考え、それを選び取ることが大切です。まして、どちらでも良いという気安さにおける自らの言動で、キリスト教への誤解、福音への誤解を招くようなことをしてはなりません。私たちに与えられている自由をどう用いるのかということが問われています。

何とかして何人かでも救うために

パウロは、三つめの事例として二二節でこう述べています。

「弱い人たちには、弱い者になりました。弱い人たちを獲得するためです。」

これはおそらく、八章でなされた議論と関連があります。ここで言う「弱い人」とは、すでにキリスト者になった弱い人たちのことを指しています。その弱い人たちは、偶像に献げた肉を食べることに良心の痛みを感じていました。偶像の神などいないわけですから、その肉は本来、ただの肉として食べることができます。しかし、弱い良心をもつ信仰者は、どうしても良心の咎めを感じたのです。

それに対してパウロはどうしたのでしょうか。パウロは決して、良心の咎めを感じる人たちの不信仰を責めませんでした。彼らが今現実に良心の咎めを感じてしまうことを軽視せず、その弱い人たちへの配慮のゆえに、自分のほうが肉を食べないと決心したのです。自分のほうから彼らの行いに合わせた行動を取ろうとしました。それは何より、その弱い人たちをつまずかせないためでした。彼らが決して滅びてしまうことがないためです。

パウロはもちろん肉を食べる自由をもっていました。しかしその自由を権利としてただ行使するのではなく、人々の救いのため、益のために、その使用を制限したのです。弱い人の立場に自らを合わせました。それによって、彼らをしっかりと救いに至らせるためでした。

パウロは以上の態度をまとめて、二二節の後半でこう述べています。

「すべての人に、すべてのものとなりました。何とかして、何人かでも救うためです。」

パウロはすべての人に対してすべてのものになりました。ですから、どのような人間の現実の中にも入って行けるのです。それは決して無節操ということではありません。彼の中での原則ははっきりしています。キリストの律法に従うということです。その原則の中で、パウロはできるだけ相手の立場に立ち、相手に合わせることをしたのです。

そしてその動機は「何とかして、何人かでも救うため」でした。すべての人を救うためとは言いません。彼の務めは、確かにすべて人のためでした。しかし、救いは主の御業です。彼としては、せめて「何人かでも救うために」常に全力を尽くしたのです。

福音の恵みを受ける者となるために

この段落の結論が二三節です。

「私は福音のためにあらゆることをしています。私も福音の恵みをともに受ける者となるためです。」

パウロの行動を決定していたのは福音でした。パウロにとって大切なのは福音であって、福音の宣教者である自分ではありません。ですから彼は「福音のためにあらゆることをしています」と宣言します。

しかしその福音宣教というパウロの務めが、彼個人にとっても大きな意味をもっていました。ですから二三節の後半で、「私も福音の恵みをともに受ける者となるためです」と付け加えています。

福音宣教というパウロの務めは、彼にとっての個人的意味もありました。彼は、キリスト者の自由は、他者を救うために用いられるべきだと述べてきました。しかしこれは同時に、自分の救いを全うすることに結びつくのです。

私たちキリスト者にとって、福音を宣べ伝えることは神の務めです。ですからこの務めを果たすことと、自らの救いが切り離されることはありません。神の務めを蔑《ないがし》ろにしつつ、神の救いにあずかることを待ち望むというのは矛盾です。神の務めに忠実であることによって、私たちは福音の恵みにあずかる者とされるのです。

私たちは確かに神への奉仕によって救われるのではありません。しかし、神への奉仕に向かわないような生き方で、自らが福音の恵みにあずかることを期待することはできません。神の務めを懸命に果たすなかで、「私も福音の恵みをともに受ける者となる」のです。

39　賞を得られるように走りなさい

〈Ｉコリント九・二四～二七〉

「競技場で走る人たちはみな走っても、賞を受けるのは一人だけだということを、あなたがたは知らないのですか。ですから、あなたがたも賞を得られるように走りなさい。競技をする人は、あらゆることについて節制します。彼らは朽ちる冠を受けるためにそうするのですが、私たちは朽ちない冠を受けるためにそうするのです。ですから、私は目標がはっきりしないような走り方はしません。空を打つような拳闘もしません。むしろ、私は自分のからだを打ちたたいて服従させます。ほかの人に宣べ伝えておきながら、自分自身が失格者にならないようにするためです。」

賞を得られるように走りなさい

九章では、自由ということをめぐって、信仰者としてのパウロの生き様が語られました。最後の二四節以下では、こうしたパウロの生き様との関連で、コリントの信徒たちへの勧告が記されています。

「競技場で走る人たちはみな走っても、賞を受けるのは一人だけだということを、あなたがたは知らないのですか」(二四節)。

古代ギリシアでは運動競技会が盛んでした。オリンピアという場所で、四年ごとに開かれていた競技会が、今日のオリンピックの原点であることはよく知られています。オリンピックは四年ごとでしたが、二年ごとにコリントにおいても大規模な競技会が開かれていました。古代ギリシアでは、オリンピックに次いで大きな競技会であったと言われています。

競技会における競走は、おそらくコリントの人たちを熱狂させていたのでしょう。そこでパウロは、この競走を信仰の歩みにたとえて語るのです。パウロは競技場での競走の比喩を好んで用いました。

信仰の歩みが競技場での競走にたとえられるとしたら、信仰を告白すること、洗礼を受けることがそのスタートでしょう。スタートしたら、もはや後ろを振り返ったり、よそ見をしたりできません。後ろを振り返れば走れませんし、よそ見をしていれば、真っ直ぐ前に走ることはできません。転ぶかもしれません。また、ほかの競走者に迷惑を及ぼすだけです。

信仰生活は「走ること」だとパウロはしばしば言います。競技場で走るためには、「自分の足で走る」という自覚と意志が必要です。スタートしたら、あとは勝手に、いわば動く歩道のように、自分を自動的にゴールに連れて行ってくれるわけではありません。自分で自覚的に一生懸命走り続けることが求められます。

こうした意志と自覚が求められるということは、ことばを換えて言うならば、信仰生活というのは決してやさしいものではないということです。動く歩道のように、乗っていれば自動的にゴールに連れて行ってくれる、そうした安易なものではありません。信仰生活を守り抜くことは、決してたやすいことではないのです。

信仰生活には、内からも外からも様々な誘惑があります。異教社会ですから、無理解のゆえに誤解を招いたり、摩擦を生じたりすることもあります。さらには、自分の弱さもあります。一時的に熱心になることはあっても、信仰生活を守り続けることはたやすくないのです。その自覚を私たちはもつ必要があります。そしてゴールまで行かなければ、信仰生活には何の意味もないのです。

ピリピ人への手紙の中でもパウロはこう述べています。

「兄弟たち。私は、自分がすでに捕らえたなどと考えてはいません。ただ一つのこと、すなわち、うしろのものを忘れ、前のものに向かって身を伸ばし、キリスト・イエスにあって神が上に召してくださるという、その賞をいただくために、目標を目指して走っているのです」(三・一三〜一四)。

パウロは競技者の姿を巧みに描いて、それを信仰生活に当てはめています。走る者は、前傾姿勢を保ちつつ、ゴールに視線を集中して走るのです。信仰生活もそういうものだとパウロは言います。

それゆえ、二四節の後半でパウロは「あなたがたも賞を得られるように走りなさい」と命じました。「賞を得られるように走る」。ですから、参加することに意義があるのではありません。とにかく洗礼を受けてキリスト者になった、もうこれで大丈夫だというわけではありません。

また「賞を得られるように走る」ということは、ゴールさえできれば最下位でも構わないというような走り方をしてはいけないということです。救われて天国に行けるならば、末席でも構わないと考えて、自分を甘やかさないことです。半身の構えで信仰生活をしないということです。

また、賞を得られるように走るには、重いものを持っていては無理です。言うまでもなく、トラックを走る選手は極力軽装でなければ速く走れません。このことも信仰生活に当てはまります。ヘブル人への手紙はこう述べています。

「こういうわけで、このように多くの証人たちが、雲のように私たちを取り巻いているのですから、私たちも、一切の重荷とまとわりつく罪を捨てて、自分の前に置かれている競走を、忍耐をもって走り続けようではありませんか。信仰の創始者であり完成者であるイエスから、目を離さないでいなさい」(一二・一～二)。

「一切の重荷とまとわりつく罪を捨てて」走るのです。重荷を抱え込んだままでは走れません。それは主に委ねることが必要です。また罪を曖昧にしたままでも走れません。キリストによる罪の赦しにあずかることが必要です。日々に赦しをいただくことが必要です。

この世のことに心を奪われていたり、主に明け渡すことをせずに、自分で問題を抱え込んでいたら走ることはできません。主の御前に明け渡して、主に信頼しきって、身軽になって、走る必要があるのです。

信仰生活をする上で障害となるものを曖昧にしたり、抱え込まないで、それを捨てることの大切さと言ってもよいでしょう。「一切の重荷とまとわりつく罪を捨てて」忍耐強く走ることが求められています。余分なものを抱えていれば、息切れしてしまうかもしれません。明け渡すべきものは明け渡し、捨てるべきものは捨てて、賞を得るように走ることが求められているのです。

朽ちない冠のための節制

賞を得ることを目指した競技者は、大変な努力をしていました。二五節でパウロは言っています。

「競技をする人は、あらゆることについて節制します。」

当時の競技者は、実際に競技場で走るずっと前から、厳しい規律に服しました。約一〇か月に渡る厳しいトレーニングがあり、あらゆることを節制する必要がありました。特別な禁欲期間、訓練期間を過ごさなければなりませんでした。そして検査にパスできなければ、出場資格が得られなかったのです。

それと関連があると思いますが、この「競技をする人」と訳されている語を語源として、英語のアゴニー、苦悩ということばが生まれたそうです。「競技をする人」というのは「苦悩する人」「苦しみに耐える人」という意味でもありました。彼らは大変な苦悩に耐えて、それを乗り越える努力をしたのです。

この競技者の節制が、キリスト者にも求められるとパウロは言います。競技者が厳しい訓練の期間を過ごし、節制したように、キリスト者も同じような節制が必要だと言うのです。

さらにパウロは、競技者の節制とキリスト者の節制の違いを次のように述べました。

「彼らは朽ちる冠を受けるためにそうするのですが、私たちは朽ちない冠を受けるためにそうするのです」(二五節)。

このコリントで開かれていた競技会の勝利者には、セロリや松で作られた冠が送られたそうです。それはまさに「朽ちる冠」、一時的な冠でありました。

しかしキリスト者が目標とする冠は「朽ちる冠」ではありません。キリスト者が目指す冠、勝利者に約束されている冠は「朽ちない冠」です。そして「朽ちない冠」とは、永遠の命を象徴していると言ってよいでしょう。

競技場での競走が信仰生活にたとえられたように、聖書は、勝利者に与えられる永遠の命を、しばしば「冠」にたとえています。たとえば、ヤコブの手紙にはこうあります。「試練に耐える人は幸いです。耐え抜いた人は、神を愛する者たちに約束された、いのちの冠を受けるからです」（一・一二）。

またヨハネの黙示録にも「いのちの冠」が授けられる約束が語られています（二・一〇～一一）。

パウロは、競技場における選手の節制と、キリスト者の節制を比較しました。競技場の選手は「朽ちる冠」のために、一時的な栄光のために、厳しく節制しました。ではキリスト者はどうなのかと問います。彼らに与えられるのは「朽ちる冠」ではありません。「朽ちない冠」です。永遠の命です。

「朽ちる冠」のためにあれだけ競技者が節制しているのに対して、キリスト者は「朽ちない冠」のためにどれほどのことをしているのか、ということです。私たちは信仰生活を走り抜くために、どれほど厳しく自己を節制しているのでしょうか。パウロは、中途半端な信仰生活、緩んだキリスト者の歩みを戒めています。

「節制」というのは、ギリシア的な倫理の徳目でもあります。その場合の節制は、人間の欲望に支配されない自制力、誘惑によって惑わされないセルフコントロールの力を意味します。しかしパウロがここで言っている節制は、そうした内外からの誘惑に惑わされない自制力ではなく、むしろより積極的な大きな目標に到達するための自己鍛錬、自己訓練を意味しています。

ですから「節制」また「自制」というのは、決して、決められたルールに反しないというような消極的なことではありません。

たとえば今日の運動選手を例に考えてみれば、彼らは筋肉増強剤のような薬物を使ってはいけないというルールがあります。他にもいろいろルールがあるでしょう。では、そのようなルールを守っていれば、それで良い結果が出るのかと言えばそうではありません。ルールを守るのは当然です。その上で、規則に反しない自由の範囲内で、最高の結果を生み出すためにいろいろなことを自制するのです。

勝利のために、冠のために、規則には反しない「楽しみ」も自制する、食事も制限する。冠を得るために、自由の範囲内にあることでも、積極的に自制して、自己訓練に励むのです。

ならば私たちキリスト者はどうなのでしょうか。競技者がルールを守っていればそれで良いわけではないように、明らかに罪であることをしなければそれで良いというわけではありません。それでは賞を得ることはできないのです。罪を避けるだけで良いわけではなく、霊的成長の妨げになるいかなるものも避ける必要があります。

また、避けるという消極的なことだけではなく、主イエスが霊的成長のために備えてくださった恵みの手段を積極的に用いる必要があります。恵みの手段とは、みことばと礼典と祈りです。神のことばを聞き、祈ることなくして、霊的成長はありません。礼典にあずかることがなければ、成長はありません。恵みの手段にあずかる中心的な場は、日曜日の公的礼拝です。ですから礼拝への熱心がなければ、霊的成長はありません。

主の日を礼拝の日として聖別するためには、一週間を整えなければならないでしょう。節制が要《い》るでありましょう。そのための自覚と努力が、私たちキリスト者には求められているのです。

賞を得るように走るためには、何よりも、主の日の礼拝を中心とした生活を形作ることが求められているのです。

自分自身が失格者にならないように

続いてパウロは、キリスト者の節制がどのようなものであるかを、たとえを用いて述べています。

「ですから、私は目標がはっきりしないような走り方はしません。空を打つような拳闘もしません」(二六節)。

パウロはここで競走と共に拳闘を例に挙げています。「目標がはっきりしないような走り方」はしない。「空を打つような拳闘」もしない。つまり、目標が不明瞭な仕方で、励むことはないということです。

どんなに速く走ったとしても、ゴールに向かって走るのでなければ意味がありません。それでは賞を得ることはできません。また、どんなに鋭いパンチを繰り出すことができたとしても、相手に当たらず空を打っているだけなら勝利はありません。競走にしろ、拳闘にしろ、明確な目標があり、それに向かってなされなければならないのです。

信仰生活も同じです。キリスト者にとって大切なのは、はっきりとした目標を知り、それに向かって励むことです。宗教改革者のカルヴァンはこう述べています。

「主は、わたしたちに一つの目標を与えておられる。わたしたちは、この目標を目ざさなければならない。また、主は、この拳闘や競走において、いかに行動すべきかを定めておられる。それは、わたしたちが、むなしく疲れ果ててしまわないためである」(『カルヴァン新約聖書註解Ⅷ　コリント前書』二一九頁)。

私たちは目標がはっきりしないような信仰生活を送ってはなりません。信仰生活の目標は、救いの完成です。この目標に向かって、自分の生活を整えるのです。努力し、節制するのです。

逆に言えば、的外れなことに無駄なエネルギーを使わないことです。もちろん神は、この世の生活における楽しみも与えてくださる方であり、キリスト者もそれを楽しむことができます。しかし、一時的なことに心を奪われ過ぎないことです。この世で自分を喜ばすことにふけってはならないのです。

では、信仰者にとっての目標に到達するためには何が必要なのでしょうか。パウロは二七節の前半でこう言っています。

「むしろ、私は自分のからだを打ちたたいて服従させます。」

パウロがここで強調したのは、自分との戦い、自己訓練です。この二七節前半の文も拳闘と関係があります。「打ちたたいて」と訳されている動詞は、相手に効果的なパンチを食らわす、という意味です。ボクサーは通常、相手の顔面に効果的なパンチを食らわせようとします。しかしパウロはここで、そのパンチの先である目的語を「自分のからだ」としています。

つまり、ボクサーが狙いの定まったパンチで敵を打つように、パウロは自分のからだを打ち叩いて服従させると言うのです。自分のからだが救いの妨げとなることがないように、的確にパンチを食らわせて従わせると言うのです。

パウロは、目標をもった信仰者の歩みにとっての、自分との闘いの大切さを語ります。

もちろんパウロは、肉体というものを邪悪なものと考えているわけではありません。神は人間の霊肉の全体をお造りになったお方であり、それゆえ肉体もまた善きものです。

しかし罪人にとっては、肉体は重荷となり、また落とし穴になることがあります。ですから信仰者は、肉体をコントロールする必要があるのであり、その力が必要だとパウロは言うのです。自分のからだを、自分の目標のために使いこなせるようにせよ、と言うのです。

カルヴァンもまた言っています。

「わたしたちは、自分のからだをつねに抑えつけるようにしなければならない。からだをよろこばせて、神に仕えるさまたげとならないようにしなければならない。そして、決してからだを奔放にふるまわせてはならない。それは、わたしたちの隣人を害し・つまずかせることになる」(前掲書、二一九頁)。

信仰生活には、様々な闘いがあります。しかしその多くは、実は自分との闘いなのです。罪人である私たちは、戦う相手は自分の外にいると考えがちです。あの人が自分の敵だ、この状況こそ自分が戦うべきものだと考えます。そして、あの人がどうだとか、状況があだとか言って、それと戦うことが信仰の闘いであるかのように思い込んでいることがあります。しかしそうなのでしょうか。

パウロはむしろ、本当の戦いは自分との闘いだと言います。しっかりとした信仰に生きることができないようにしているのは、ほかでもない自分自身なのです。それを私たちは、他の人のせいにしたり、状況のせいにしたりする。他人が変われば、状況が変われば、自分の信仰が良くなるのでしょうか。なりません。

信仰の闘いは、何より自分との闘いだということを、私たちはしっかりと心に刻んでおかなければなりません。パウロの持っていた自分に対する厳しさに、私たちは倣わなければならないのです。

そして彼は最後にこう言っています。

「ほかの人に宣べ伝えておきながら、自分自身が失格者にならないようにするためです」（二七節）。

「失格者になる」というのは、自分が救いから洩れるということでしょう。つまりパウロは、使徒であり伝道者でありながら、常に、自分自身の救いについての緊張感を持ち続けていました。

それほど彼は、自分の弱さ、自分のもろさを知っていたのです。自分の内にある罪が、どれほど根深く、自分を神から遠ざけようとする力であるかを知っていたのです。ですから彼は、失格者にならないための緊張感を持ち続けたのです。

もし私たちの信仰生活に緊張感がないとしたら、それは自分自身の弱さを知らない、罪を知らないということです。自分が見えていないということです。しかしそれではいけません。私たちはなお途上にあるのであって、すでに完成しているのではありません。罪の残滓も自分の中に残っています。その途上にある者としての緊張感を持って生きる必要があるのです。

パウロが晩年に書き残したと言われているテモテへの手紙第二の中で、彼はこう書きました。

「私はすでに注ぎのささげ物となっています。私が世を去る時が来ました。私は勇敢に戦い抜き、走るべき道のりを走り終え、信仰を守り通しました。あとは、義の栄冠が私のために用意されているだけです。その日には、正しいさばき主である主が、それを私に授けてくださいます。私だけでなく、主の現れを慕い求めている人には、だれにでも授けてくださるのです」(四・六〜八)。

パウロは、決められた道を走り通したと自らの人生を総括し、そして今や、「義の栄冠が私のために用意されているだけです」と語りました。生涯の終わりにこのように語ることができる人は幸いです。

そしてこの祝福は、パウロに特有なものではありません。私たちも同じです。しっかりと走るべき信仰の道を走り抜くならば、ゴールに到着した時、キリストから義の栄冠を授けていただけます。

私たちはこの約束に希望を置いて、走り続けるのです。

40　旧約の神の民イスラエル

〈Ⅰコリント一〇・一～五〉

「兄弟たち。あなたがたには知らずにいてほしくありません。私たちの先祖はみな雲の下にいて、みな海を通って行きました。そしてみな、雲の中と海の中で、モーセにつくバプテスマを受け、みな、同じ霊的な食べ物を食べ、みな、同じ霊的な飲み物を飲みました。彼らについて来た霊的な岩から飲んだのです。その岩とはキリストです。しかし、彼らの大部分は神のみこころにかなわず、荒野で滅ぼされました。」

旧約の神の民とキリスト教会

コリント教会には、自分たちは霊的な知識をもっているとして傲り高ぶっている者たちがいました。彼らに対して、パウロは一〇章で改めて警告のことばを述べます。「兄弟たち。あなたがたには知らずにいてほしくありません」と、パウロは語り始めています。この表現は、パウロが重要な新しい議論に向かう場合に好んで用いる表現です。

「知らずにいてほしくありません」と言いますが、いったい何について「知らずにいてほしく」ないのでしょうか。それは一節にある、「私たちの先祖」についてのことです。この「私たちの先祖」とは、旧約のイスラエルの民のことです。

パウロが語っているのは、コリント教会の信徒たちに対してです。そこには、少しばかりのユダヤ人もいましたが、その大半はギリシア人でした。ユダヤ人から見れば、彼らは異邦人です。しかしパウロはその彼らの先祖として、旧約のイスラエルの民のことを語ります。そしてその先祖の歴史について、無知でいてはならないと言うのです。

ここには、私たちキリスト者と、旧約のイスラエルの民との関係が教えられていると言えます。旧約聖書にあるイスラエルの民は、単にユダヤ人の先祖ではありません。私たちキリスト者の先祖なのです。確かに私たちには、肉の先祖がいるでしょう。肉の先祖も確かに先祖です。しかしより本質的な先祖、私たちの真の先祖は旧約のイスラエルの民なのです。

どうしてそう言うことができるのでしょうか。パウロはローマ人への手紙一一章一七節、一八節でこう述べています。

「枝の中のいくつかが折られ、野生のオリーブであるあなたがその枝の間に接ぎ木され、そのオリーブの根から豊かな養分をともに受けているのなら、あなたはその枝に対して誇ってはいけません。たとえ誇るとしても、あなたが根を支えているのではなく、根があなたを支えているのです。」

パウロは接ぎ木を比喩にして語っていますが、異邦人キリスト者とは、神の契約の民という木に、接ぎ木された存在です。そして接ぎ木された枝は、その契約の民という木から豊かな養分を受けることができるのです。

神はアブラハムを選ばれ、彼の子孫が神の民とされました。それがイスラエルの民であり、その歴史が旧約聖書に書かれています。その契約の神の民に、キリスト者は接ぎ木され、神の民となりました。それゆえパウロは、ガラテヤ人への手紙の六章では、キリスト者のことを「神のイスラエル」（一六節）と呼んでいます。

神がおひとりであられるように、神の民も本質的には一つです。キリスト者は、神の救済の歴史を経て、時至ってその神の民の中に加えられた存在であり、それゆえ旧約のイスラエルの民は、まさに私たちの先祖なのです。

したがって、旧約聖書にあるイスラエルの歴史は、コリント教会の信徒にとっても、また私たちにとっても、無関係な他人の物語ではありません。まさに自分たちの霊的先祖の物語です。

それゆえ私たちにとって、旧約聖書を読むことは本質的に重要な意味をもちます。聖書は旧約と新約をあわせて聖書なのですから、新約の民である私たちは、新約聖書だけを読んでいればよいというわけではありません。新約聖書しか読まなければ、やはり偏った神観になりかねないと思います。新約聖書と旧約聖書をバランスよく読むことが必要です。

　水垣渉先生が講演の中で、旧約を重んじないタイプの教会は、だいたい優しくて、受け入れやすいヒューマニスティックな宗教になると言っておられました。新約聖書だけを偏って読んでいれば、どうしても優しいイエス様になり、愛の宗教になり、個人的で内面的な信仰に陥る可能性があります。もちろん、そうした優しさや愛、また信仰の個人性や内面性も重要です。それも聖書の大切な一面です。

　しかし、聖書の宗教はそれだけではありません。旧約聖書には大きな歴史が、神の民の歴史が描かれています。それゆえ旧約聖書を読むことによって、信仰が個人化し内面化することから救われるのです。そして信仰の目をもって、社会や国家をとらえることになります。新約聖書だけでなく、旧約聖書もあわせて読むことによって、聖書的な視野、またバランスのとれた信仰理解が与えられるのです。

　ではパウロはここで、「私たちの先祖」から何を学ぶべきだと言っているのでしょうか。一〇章一一節にはこうあります。

「これらのことが彼らに起こったのは、戒めのためであり、それが書かれたのは、世の終わりに臨んでいる私たちへの教訓とするためです。」

　旧約のイスラエルの出来事は「戒めのため」だとパウロは言います。そしてその戒めを通して、警告がなされています。私たち新約の民が、なぜ旧約聖書をしっかりと学ばなければならないのか。その大きな理由は、そこから訓戒を学び、それを教訓とするためです。一節に「知らずにいてほしくありません」とありますが、まさに旧約聖書の内容に無知でいてはいけません。無知でいることは、訓戒に耳を傾けないことであり、危険なことです。

私たちの教会では、朝拝の中で十戒を交読しています。私は、これは本当に大切なことだと思っています。そして私が皆様にお勧めしたいのは、この十戒の交読の際に、ぜひ背後にある歴史を思い起こしていただきたいということです。

十戒がイスラエルの民に与えられたのは、奴隷の地エジプトから神の力強い恵みによって救い出され、シナイ山に導かれた時でした。神の無償の恵みによって、イスラエルは救われて神の民となりました。その神の救いの業、解放の業が十戒の前提です。そして恵みによって神の民とされたから、神の民としてこう生きなさいと命じられたのが十戒の内容です。

これは、私たちがただイエス・キリストの贖いによって無償で救い出されたことと重なります。私たちも救い出されて神の民となりました。そして神の民であるがゆえに、この十戒を生きる指針として聞くのです。

しかしイスラエルの民は、十戒を受けた後も、神に対する背信を繰り返しました。人間の根深い罪の現実がそこには描かれています。私たちが十戒を読むとき、このイスラエルの背信の歴史も思い浮かべる必要があるでしょう。

その背信を招いた罪は、イスラエルの罪であるだけでなく、まさに私たち一人ひとりの内に巣食っている罪でもあります。ですから、神の民のいかなる姿勢が堕落を招いたのかを知る必要があります。またその民に対して、神はいかなる対応をされたのか。そのすべてが、私たちへの教訓であり、警告なのです。

このようにキリスト教会と出エジプトの民との間には、共通性があると言えます。それは「すでに」と「いまだ」の緊張関係に置かれている点でも、そうです。荒野を放浪していたイスラエルの民は、「すでに」エジプトから救い出され、神の契約の民とされていましたが、「いまだ」約束の地には入っていません。「すでに」救いの恵みを体験しましたが、「いまだ」完成はしていない民です。

それと同じように、私たちも「すでに」主イエスの恵みによって罪と滅びから救い出されました。しかし「いまだ」完成には至っていません。「すでに」救いを受けていますが、なお救いの完成を待ち望んでいる途上にある民です。その途上にある民としての歩みの前例が、まさに旧約聖書にある出エジプトの民の姿なのです。

ですから、出エジプトのイスラエルの民の姿は、私たちの先祖として、とりわけ教訓と警告に満ちていると言えるのです。

旧約の神の民に与えられた養いと祝福

そこでパウロは、イスラエルの民の出エジプトの出来事をここで取り上げています。出エジプトの出来事の特徴を示す要素は四つあります。第一は雲、第二は海、第三はマナ、第四は岩です。パウロはその四つの要素をここで取り上げています。まず一節、二節にこうあります。

「私たちの先祖はみな雲の下にいて、みな海を通って行きました。そしてみな、雲の中と海の中で、モーセにつくバプテスマを受け……」

雲は、聖書全体を通して「神の臨在のしるし」です。出エジプト記一三章二一節、二二節にはこうあります。

「主は、昼は、途上の彼らを導くため雲の柱の中に、また夜は、彼らを照らすため火の柱の中にいて、彼らの前を進まれた。彼らが昼も夜も進んで行くためであった。昼はこの雲の柱が、夜はこの火の柱が、民の前から離れることはなかった。」

主なる神は、ご自身の民であるイスラエルに伴われることを、雲をもって示されました。雲こそ神の臨在のしるしであり、神がイスラエルと共にあることを証ししていました。

そしてイスラエルは葦の海を渡りました。エジプトの王ファラオの軍勢が彼らを滅ぼそうと押し迫ってきたとき、葦の海の水が分かれ、イスラエルはそこを渡りました。そしてそれを追ったエジプト軍は、元に戻った海の水によって滅ぼされたのです。

こうして主はイスラエルをエジプトの王ファラオから守ってくださいました。葦の海の奇跡は、イスラエルの決定的な解放のしるしです。これは、主がイスラエルを保護し、何としてでも彼らを守り支えるという決意の現れでもあります。それほどに主は、イスラエルを心にかけ、救いを強く望まれたのです。

このように雲は神の臨在による守りを、そして水は解放と救いを象徴しています。そしてパウロは、この雲と水に、キリスト者にとっての洗礼の予型を見ています。

パウロがここで「みな、雲の中と海の中で、モーセにつくバプテスマを受け」と述べているように、モーセをキリストの予型と見ています。モーセを来るべきキリストを指し示す存在と見ています。

そして主イエスの御名による洗礼は、キリストに結びつくことであり、それによってキリスト者は、神の特別な保護の下に入り、罪に囚《とら》われた状態から解放されます。洗礼は神の臨在による守りと、解放を保証するものです。

それはまさに、旧約の神の民であるイスラエルが、「雲の下にいて、みな海を通って行」ったことと重なります。イスラエルが雲に導かれ、海を通り抜けたことは、将来のキリストの御名による洗礼を指し示すものでした。私たちの先祖たちは、形は違いますが、私たちの洗礼に見合う祝福を与えられていたのです。

続く三節、四節にはこうあります。

「みな、同じ霊的な食べ物を食べ、みな、同じ霊的な飲み物を飲みました。彼らについて来た霊的な岩から飲んだのです。その岩とはキリストです。」

出エジプトの民は、天から与えられたマナによって養われました。また、イスラエルの民が不平を言ったとき、主なる神は岩から奇跡的に水を湧き出させ、それによって民を養われました。

パウロは、この出エジプトの民に与えられたマナと岩の水を、主の晩餐の予型とみなしています。キリスト者が今日、主の晩餐で霊的な食べ物と霊的な飲み物を受けるように、荒野のイスラエルも、霊的な食べ物と霊的な飲み物を受けていたというのです。

特徴的な表現は、四節の後半にある「彼らについて来た霊的な岩から飲んだのです。その岩とはキリストです」という部分です。水を湧き出した岩が、イスラエルの民に離れずについて行って、彼らを養ったということですが、ここは、ユダヤ教の伝統的なラビの伝承を用いている部分です。そのように絶えず、必要な飲み水が与えられたのです。

そしてパウロは「この岩とはキリストです」と述べています。旧約時代ですから、まだキリストは受肉していません。しかし三位一体の第二位格である先在のキリストが、このときすでに、神の民イスラエルを養っていたとパウロは確信していました。

神と人との間の唯一の仲保者、救い主はイエス・キリストです。それは旧約時代も新約時代も変わりません。キリストはこの時はまだ人の目には隠されていましたが、すでに民のもとにいて、民に付き従い、命を与える水を供しておられたのです。

こうしてパウロは、旧約の神の民イスラエルが受けていた神の恵みを、新約の神の民が受けている恵みと比較して述べました。パウロが語るのは、旧約のイスラエルも、今のキリスト教会と同じように、洗礼と聖餐の礼典で十分に神の守りと祝福と養いを受けていたということです。すべての点でイスラエルは、神の臨在と恵みを享受していたのです。

なぜイスラエルの大部分は滅びたのか

一節から四節では、私たちの霊的先祖であるイスラエルが、私たちと同様に、十分な神の恵みを与えられていたことが強調されました。彼らは、神の臨在と解放を経験し、また継続的な霊的な養いを受けていたのです。

そして、一節から四節では「みな」ということばが繰り返されています。イスラエルの民は「みな」、これほど豊かな恵みを受けました。しかし五節にはこうあります。「しかし、彼らの大部分は神のみこころにかなわず、荒野で滅ぼされました。」四節まで繰り返された「みな」と、五節の「大部分」が対比されています。イスラエルの民は、その時代における洗礼を受け、聖餐にもあずかりましたが、その大部分が滅ぼされました。この対比によって、パウロは強い警告を与えています。

なぜこれだけの大きな恩恵を受けたにもかかわらず、大部分は神の裁きを受けて滅びたのでしょうか。具体的なイスラエルの問題が、六節以下で数えあげられていきます。六節を読みますと、こうあります。

「これらのことは、私たちを戒める実例として起こったのです。彼らが貪ったように、私たちが悪を貪ることのないようにするためです。」

イスラエルの民は悪を貪ったのです。悪の楽しみにふけりました。神を畏れず、神をあなどりました。そして、その典型的な悪こそ偶像礼拝でした。

旧約の神の民イスラエルと同様に、私たちにもすばらしい特権が与えられています。その中心は、洗礼と聖餐という神の恵みです。私たちはそれを本当に感謝しなければなりません。しかし同時に、それが最終的で絶対的な祝福の保証にならないことも知らなくてはなりません。

旧約の神の民イスラエルは、救いと恵みの手段を与えられていました。繰り返して神の助けを経験し、味わいました。しかしそれでも彼らは悪を貪って、滅ぼされたのです。

ですからコリントの信徒たちも、また私たちも、洗礼を受け、聖餐にあずかっているのだから、何をしようが大丈夫などと思いあがってはいけません。礼典にあずかっているから大丈夫と考えて、自己過信に陥ってはなりません。おごり高ぶる者たちへの厳しい警告がここに記されているのです。

41　耐えられない試練はない

〈Ｉコリント一〇・六～一三〉

「これらのことは、私たちを戒める実例として起こったのです。彼らが貪ったように、私たちが悪を貪ることのないようにするためです。あなたがたは、彼らのうちのある人たちのように、偶像礼拝者になってはいけません。聖書には『民は、座っては食べたり飲んだりし、立っては戯れた』と書いてあります。また私たちは、彼らのうちのある人たちがしたように、淫らなことを行うことのないようにしましょう。彼らはそれをして一日に二万三千人が倒れて死にました。また私たちは、彼らのうちのある人たちがしたように、キリストを試みることのないようにしましょう。彼らは蛇によって滅んでいきました。また、彼らのうちのある人たちがしたように、不平を言ってはいけません。彼らは滅ぼす者によって滅ぼされました。これらのことが彼らに起こったのは、戒めのためであり、それが書かれたのは、世の終わりに臨んでいる私たちへの教訓とするためです。ですから、立っていると思う者は、倒れないように気をつけなさい。あなたがたが経験した試練はみな、人の知らないものではありません。神は真実な方です。あなたがたがたを耐えられない試練にあわせることはなさいません。むしろ、耐えられるように、試練とともに脱出の道も備えていてくださいます。」

私たちを戒める実例

旧約の神の民であるイスラエルは、新約の神の民である私たちと同じように大きな恵みを受けていました。エジプトの奴隷状態から救い出された彼らは、確実に神の恵みによって養われていました。しかしそれにもかかわらず、五節に記されているように、「彼らの大部分は神のみこころにかなわず、荒野で滅ぼされ」てしまったのです。

その出来事を私たちキリスト者はどう受けとめたらよいのでしょうか。パウロは六節でこう述べています。

「これらのことは、私たちを戒める実例として起こったのです。彼らが貪ったように、私たちが悪を貪ることのないようにするためです。」

これらの出来事は、私たちを戒める実例だとパウロは言います。「実例」と訳されていることばは「型」という意味です。つまり、旧約のイスラエルの民はキリスト教会の型、すなわち原型であって、イスラエルの歴史は単なる過去の出来事ではなく、キリスト教会を指し示す意味をもっています。

ですから旧約聖書にあるイスラエルの民の出来事を、私たちは単なる歴史としてとらえてはなりません。それ以上の意味があります。すなわち、それは「型」であって、霊的な教訓を伝えるものです。そこから、新約の神の民は警告を受け取るべきなのです。

「彼らが貪ったように、私たちが悪を貪ることのないようにするためです」とあります。イスラエルの民は「悪を貪り」ました。悪への欲望をもちました。そのイスラエルに対して、神はいったい何をされたのでしょうか。それに心を留めるならば、同じ過ちを犯すことはなくなるでしょう。しかしそれを真剣に受けとめないなら、同じ過ちに陥ります。

パウロはコリントの信徒たちが、同じ過ちに陥らないために、ここでイスラエルの民の悪しき事例をあげていきます。出エジプトのイスラエルの民の大部分は荒野で滅ぼされました。それはなぜだったのか。パウロはイスラエルが滅びた四つの原因を、ここで具体的に取り上げていきます。そしてそれを私たちは、自分たちを戒める実例として心に留めなくてはなりません。

イスラエルが滅ぼされた四つの原因

イスラエルが滅ぼされた第一の原因は偶像礼拝でした。七節にこうあります。

「あなたがたは、彼らのうちのある人たちのように、偶像礼拝者になってはいけません。

聖書には『民は、座っては食べたり飲んだりし、立っては戯れた』と書いてあります。」

パウロがここで引用しているのは、出エジプト記三二章六節のみことばです。エジプトを脱出したイスラエルの民は、シナイ山の麓に導かれました。そしてモーセがシナイ山に登り、神から十戒を記した石の板を授けられました。イスラエルはこうして神の契約の民となりました。

しかしモーセがなかなか山から下りて来ないため、民はいらだちました。そしてついに、金の子牛を作り、これを神として礼拝しました。この子牛礼拝の中で、人々は食べたり、飲んだり、踊ったりしたのです。

偶像とは人間が作り、人間が支配する神のことです。それゆえそれは、人間の利益に奉仕するために作られたものです。ここには、神を人間に仕えさせようとする態度がありまず。神を拝し、神に仕えているようで、実はそこには、人間が神を支配し、自分の都合に合わせて神を動かそうとする意図が隠されています。

それゆえ偶像礼拝はしばしば、人間の享楽と結びついていました。礼拝行為の中で、下劣な欲情が解き放たれることさえありました。偶像の前での宴会が、しばしば不道徳を招いていました。イスラエルの子牛礼拝においても、それが示唆されています。

この子牛礼拝に対して、主なる神が激しい怒りを示されたのは言うまでもありません。モーセの懸命のとりなしがなければ、イスラエルの民は、ここで滅ぼされて終わるところでした。

イスラエルの民が滅ぼされた第二の原因は、淫らな行い、不品行です。八節にこうあります。

「また私たちは、彼らのうちのある人たちがしたように、淫らなことを行うことのないようにしましょう。彼らはそれをして一日に二万三千人が倒れて死にました。」

ここでパウロが取り上げているのは、民数記二五章に記されている出来事です。イスラエルの民は、異邦人の女と交わり、その女たちの招きによって偶像礼拝に陥りました。性的不品行が偶像礼拝に繋がっていきました。

イスラエルの民が滅ぼされた第三の原因は、主なる神を試みたことです。九節にこうあります。

「また私たちは、彼らのうちのある人たちがしたように、キリストを試みることのないようにしましょう。彼らは蛇によって滅んでいきました。」

パウロにとっては、旧約聖書の主なる神の位置がキリストに当てはまりますので、あえて「キリストを試みることのないようにしましょう」となっています。

ここで取り上げられているのは、民数記二一章の出来事です。荒野を旅していたイスラエルの民は、その放浪生活の厳しさに耐えかねて神を疑いました。特に食べ物のことで不平を言い、主なる神を試みたのです。それに怒られた主は、燃える蛇を民に向かって送り、蛇は民を噛み、多くの死者が出たのです。

神を試みるとは、すでに与えられている恵みに満足せず、それ以上のものを求めて、神を試すことです。神の恵み深さを、試みることで探ろうとすることです。

確かに荒野の旅は厳しいものでした。しかし主なる神は、イスラエルのために十分なものを与えてこられました。それにもかかわらず、彼らはその神を信頼せず、本当に神は自分たちを守ってくださるのかと疑ったのです。そして神の恵み深さを試そうとしました。

神を試みるというのは、与えられた神の恵みに感謝しないことであり、神に信頼しないことです。神を試みるというのは、自分が神の力を試そうとすることですから、傲慢な思いがそこにはあります。

たとえば私たちが、自分はすでに赦されており、今後犯す罪も必ず赦されると考えて、罪に対する警戒感を解くとすれば、それは神の赦しを試みていることにほかなりません。

私たちキリスト者には確かに自由が与えられています。しかしこの自由を乱用して、あえて不用意な生き方をするなら、それは神の守りと赦しを試みていることにほかなりません。

神を試みるというのは、神の恵みを侮り、神ご自身を侮ることです。それが神の怒りを招かないはずはありません。

イスラエルの民が滅ぼされた第四の原因は、不平を言ったことです。一〇節にこうあります。

「また、彼らのうちのある人たちがしたように、不平を言ってはいけません。彼らは滅ぼす者によって滅ぼされました。」

不平を言うこと、つぶやくこと、それが荒野を旅したイスラエルにしばしば見られました。彼らはモーセとアロンに不平を言い、エジプトで死んだほうがましだったと言いました。また、神が授けてくださった恵みの賜物について不平を言いました。神が与えてくださった食べ物であるマナについて、「全く何もなく、ただ、このマナを見るだけだ」（民数一一・六）と言い、肉が食べたいと不満を言いました。さらには、民数記一六章にあるように、コラとその仲間たちは、神が立てられたモーセとアロンに反逆し、その秩序に反抗し、自分たちが上に立とうとしました。けれども彼らは主に裁かれ、滅ぼされたのです。

パウロはこうして、出エジプトの民が犯した四つの罪をあげました。そしてそれらに対して、主なる神がなさった裁きを示しました。一一節にあるように「これらのことが彼らに起こったのは、戒めのため」でした。コリントの信徒たちだけの戒めではありません。私たちにとっても、このイスラエルの歴史は、戒めであり、警告なのです。

パウロは一一節の後半でこう言っています。

「それが書かれたのは、世の終わりに臨んでいる私たちへの教訓とするためです。」

「世の終わりに臨んでいる」というのは、世の終わりが間近に迫っている、主イエスの再臨と裁きの時が迫っているということです。終末が近いというのがパウロの根本的な「時の認識」であり、それが彼の思考を特徴づけています。終わりの時が近いのであるから、今あげたイスラエルの民の例を、いよいよしっかりと心に留めるようにと言うのです。この「時の認識」を、私たちももつ必要があります。教会は終わりの時に直面しています。その緊張感を失ってはなりません。明日主イエスが来られたとしても、恥じることのない生き方を今日するのです。

それゆえ、パウロがあげたイスラエルの民の四つの罪を私たちも警戒する必要があります。偶像礼拝と、不品行と、神を試みることと、不平を言うことです。それらが、エジプトから解放され、継続的な神の恵みを受けていたイスラエルの民の歩みを狂わせました。彼らが受けていた恵みは、私たちが受けているものと本質的に同じです。恵みによって救いを受けて契約の民とされ、律法を与えられ、礼典によって養われていました。十分な恵みが与えられていました。しかし彼らの大部分は荒野で滅ぼされたのです。

このイスラエルの民以上に、私たちにとって重要な実例はありません。ここからしっかり学ばなければ、私たちも同じ過ちに陥る危険があります。とりわけ私たちは、時の終わりに直面しています。決定的な裁きの時に直面しています。ですから教会は、罪を警戒しなければなりません。緊張感を失った、信仰の歩みをしてはならないのです。

倒れないように気をつけなさい

パウロはこうして、教訓とすべき実例として、出エジプトの民のことを取り上げました。これを受けて、コリントの信徒たちに警告と励ましを与えます。

これまで学んできたように、コリント教会には様々な問題がありました。中でも大きな問題は、強いキリスト者、自らの信仰に自信をもっているキリスト者がいたことです。パウロはまず、彼らを念頭に一二節で警告しています。

「ですから、立っていると思う者は、倒れないように気をつけなさい。」

パウロは、イスラエルの民のことを取り上げることを通して、コリントの信徒たちも同じように滅びる可能性があることを示しました。偽りの安心感をもってはいけないのです。パウロは強いキリスト者たちに警告しています。

この「立っていると思う者」というのは、自分の信仰は大丈夫と思い込んでいる者のことです。信仰的にうぬぼれている者のことです。自分の信仰に自信があって、自分はだれにも支えられないで、自分で立っていると思っている者のことです。しかし、自分で立っていると思ったとき、人は神以外のものに頼っています。

信仰に自信があるというのは、あたかも救いはすでに完成しているかのように思い上がっているとも言えます。もうどんなことがあっても、倒れることはないと居直っているのです。

しかし実際は、イスラエルの民のように、倒れる可能性はあります。ですからパウロは「立っていると思う者は、倒れないように気をつけなさい」と命じるのです。

パウロは、自分を強いと自認している人々が、案外もろいことを見抜いていたのでしょう。パウロ自身の姿勢は、ピリピ人への手紙三章で明らかにされています。こう言います。「私は、すでに得たのでもなく、すでに完全にされているのでもありません。ただ捕らえようとして追求しているのです」(三・一二)。

パウロは緊張感をもって、ゴールを目指して、前傾姿勢で走り続けていました。確かにすでに救われているけれども、いまだ完成していない。その途上にあるのです。その緊張感をもって生きる。それがキリスト者の生き方です。

すでに完成しているかのようなおごり高ぶった態度と、偽りの安心感をもっていたコリントの信徒たちに対して、パウロは警告しました。「倒れないように気をつけなさい。」

私たちは、倒れないように緊張感をもって生きる必要があります。神への信頼ではなく、自分に頼っている思い上がりを、パウロは厳しく責めているのです。

耐えられない試練はない

コリント教会には、そのようにおごり高ぶった、強いキリスト者がいる一方で、心の弱い者たちもいました。その彼らに対する励ましのことばが一三節です。

「あなたがたが経験した試練はみな、人の知らないものではありません。」

試練が厳しすぎて、自分には耐えられないと感じていたキリスト者たちがいました。そのような者たちに対して、パウロは二つの面から励ましを与えています。一つは、過去を振り返ることによって、もう一つは、未来の約束を示すことによってです。

「あなたがたが経験した試練はみな、人の知らないものではありません」は完了形です。これまでのことに目を留めさせています。そしてこの文章は直訳しますと、「あなたがたを襲った試練で、人間的でないものはなかった」となります。つまり、これまで人間的でないような試練はなかった。彼らが経験したことは、人の知らないようなものではない。つまり、それは人間の力に応じた試練であり、耐えられるような試練であったということです。どの試練も、人間的であるゆえに耐えることができたのです。

そしてこの過去を踏まえて、パウロは未来への約束を示します。

「神は真実な方です。あなたがたを耐えられない試練にあわせることはなさいません。

むしろ、耐えられるように、試練とともに脱出の道も備えていてくださいます。」

「あなたがたを耐えられない試練にあわせることはなさいません。むしろ、耐えられるように、試練とともに脱出の道も備えていてくださいます」は、動詞の未来形です。そしてこの約束の根拠は「神は真実な方」である点にあります。

神は真実であられる。すなわち、神は信頼に値するお方であり、安心して身をゆだねることができるお方です。神は人間の歩みの単なる傍観者ではありません。神は、試練の中にある人にこそ、関心を払い、また関わってくださる方です。

神の約束は、「耐えられない試練にあわせることはなさらない」ということと、「耐えられるように、試練とともに脱出の道も備えていてくださる」ということです。

耐えられない試練にあわせることはなさらないのですから、試練がない、苦難がないということではありません。出エジプトの民がそうであったように、救われた民の歩みは決して平穏な道ではありません。キリストを信じれば、安穏とした人生が与えられるわけではありません。思わぬ苦難や、この世の誘惑との戦いや、また信仰ゆえの苦難もあります。人生の苦しみや悲しみにも出合います。

しかし神の約束は、「耐えられない試練にあわせることはなさらない」であり、さらには「耐えられるように、試練とともに脱出の道も備えてくださる」ということです。

この「脱出の道」と訳されていることばは、出口、抜け出る道という意味です。何か試練を回避して脱出する道が備えられるとも読めますが、そうではありません。試練の真っただ中にあったとしても、それを突き破っていく出口があるということです。ちょうど、山に逃げ込んだ兵隊が、山を敵に包囲されて絶体絶命の状況になっても、そこから狭い山道を通って逃れ出る、そのような道があるという意味です。

試練の中で、後ろに退くのでも、立ち尽くすのでもありません。また、ただじっと耐えるのでもありません。神は「出口」を、「脱出する道」を備えていてくださいます。神に信頼して、前に抜け出る道があるのです。

パウロはただじっと耐えるという消極的姿勢ではなく、主に信頼して積極的に立ち向かう姿勢を示しています。必ず主が「出口」を与えられる。だから、どんな試練の中にあっても、主に希望を置いて、前に向かって歩むように勧めているのです。

42　キリストのからだにあずかる

〈Ⅰコリント一〇・一四～一八〉

「ですから、私の愛する者たちよ、偶像礼拝を避けなさい。私は賢い人たちに話すように話します。私の言うことを判断してください。私たちが神をほめたたえる賛美の杯は、キリストの血にあずかることではありませんか。私たちが裂くパンは、キリストのからだにあずかることではありませんか。パンは一つですから、私たちは大勢いても、一つのからだです。皆がともに一つのパンを食べるのですから。肉によるイスラエルのことを考えてみなさい。ささげ物を食する者は、祭壇の交わりにあずかることになるのではありませんか。」

偶像礼拝を避けなさい

一〇章に入ってパウロは、旧約聖書にあるイスラエルの歴史、とりわけ出エジプトの民の歩みを取り上げてきました。それは、新約の神の民が、そこから警告を受け取る必要があるからです。出エジプトの民は偶像礼拝に陥って、主なる神の怒りを招きました。また、偶像礼拝に結びついていた不品行に陥りました。そのために、出エジプトの民の大半は、荒野で滅ぼされることになったのです。

この事例を受けて、一四節でパウロは言います。

「ですから、私の愛する者たちよ、偶像礼拝を避けなさい。」

「ですから」は、イスラエルが滅んだ恐ろしい前例を受けています。彼らは、エジプトでそして葦の海で、神の力強い御業を見、また体験した人たちでした。シナイ山で契約を結び、神の民として歩む誓いを立てた人たちでした。しかしその大半は、荒野で滅びることになりました。その大きな原因が偶像礼拝でした。ですからパウロは改めて「偶像礼拝を避けなさい」と命じます。

また、「私の愛する者たちよ」ということばは、単なる呼びかけのことばではありません。深い愛情を示すことばです。パウロは愛するコリントの信徒たちが、道を誤らないように、心からの願いをもって忠告しています。

「偶像礼拝を避けなさい」。「避けなさい」ということばは「逃げなさい」と訳すこともできます。これは性的不品行についてのパウロの忠告と同じで、不品行や偶像礼拝からはとにかく逃げなさい、と命じるのです。

性的不品行や偶像礼拝は、取り組むべきものではありません。むしろ、近づかない種類のものです。戦いなさい、攻撃しなさいと命じられているのではありません。逃げなさい、逃れなさいと命じられています。

「偶像礼拝を避けなさい」は、「偶像礼拝から離れて逃げなさい」と訳すこともできます。それも現在形の命令ですから、習慣的にそれを実践することが求められています。とにかくできるだけ離れて、近寄らないのではなく、できるだけ遠くに逃げよということです。単に近寄らないのではなく、できるだけ遠くに逃げよということです。

パウロは一三節で、「神は真実な方です。あなたがたを耐えられない試練にあわせることはなさいません。むしろ、耐えられるように、試練とともに脱出の道も備えていてくださいます」と語り、キリスト者に対して与えられる、試練の時の神の助けを保証しました。しかしこれは決して、だから誘惑に対して無防備になってもよいということではありません。誘惑に対して不注意であっても大丈夫ということではありません。彼らがしなければならないことは、とにかく誘惑から逃げることです。性的不品行と偶像礼拝については、できるだけ逃げることが求められているのです。

八章に記されていたように、食物のことだけに限って言うならば、偶像に供えた肉であっても食べ物であるかぎりにおいて、キリスト者はそれを食べることが可能です。とすると、おそらくこう考える者がいたのでしょう。自分は確かに異教の神殿で食事をしているが、これはただ肉を食べているだけで偶像を礼拝しているわけではない。そもそも偶像の神などいないのだから、心がここになく、形だけ他の人に合わせているだけなら何の問題もないのではないか、と。

このような考えは、宗教を心の内側のことと考えがちな私たち日本人も陥りやすいことです。しかしパウロがここで「偶像礼拝を避けなさい」と命じていることは、そのような曖昧さは認められないということを意味しています。宗教改革者カルヴァンは次のように述べています。

「だから、今日、多数の人々が偶像礼拝の外的な行為や動作を、『そこには心がない』という口実で大目にみようとしているのは、むだなことである。パウロは、このような動作をも断罪するのである。そして、もちろんこれは当然のことであった。このようにわたしたちは、心の内なる思いのみならず、礼拝の外的なあらわれについても、神に対して責任があるのであるから、うわべだけでも偶像を礼拝する者は、それだけ神に対してささげなければならない敬意を割引しているわけである。『自分の心は、そこにはないのだ』と、どんなに弁解したところで、当然神にささげるべき敬意を偶像に移したという行為は、かくれのないものである」（『カルヴァン新約聖書註解Ⅷ　コリント前書』一三七頁）。

それゆえ私たちは、できるかぎり偶像礼拝から自らを遠ざけるという決心をしておかなければなりません。それはこの国に生きるキリスト者にとっては、痛みや戦いの伴うことでしょう。しかしパウロの命令ははっきりしています。そしてパウロがこう命じたのは、偶像礼拝の力を侮ることができないからです。

家族や親族、また周りの人と摩擦を避けて、表面上波長を合わせて生きようとする誘惑は常にあります。もちろん、あらゆる場合に知恵深くあることは必要ですし、周りの人に対する愛も必要です。けれどもパウロの命令に従って、はっきりした姿勢を取ることが大切です。それこそが、本当の意味で隣人を愛することになるのです。

自分で判断する信仰

しかしパウロは、彼の判断をただ頭ごなしに押しつけているのではありません。一五節でこう言っています。

「私は賢い人たちに話すように話します。私の言うことを判断してください。」

パウロは自分で考え、自分で判断するように求めました。パウロが命じていることを、ただ鵜呑みにするのではなく、それをしっかり考えて、納得するように求めています。パウロはコリントの信徒たち自身の判断力を呼び起こそうとしています。

「私は賢い人たちに話すように話します」と彼は言いました。これは皮肉かもしれません。なぜなら、コリントの信徒たちは自分たちのことを「分別のある者」「賢い者」と考えていたからです。そこでパウロは、本当に分別があるならば、このことをよく考えてみよ、と言います。本当に分別があれば、私の言うことに納得がいくだろう、とパウロは語りかけているのです。

信仰生活にとって、自分で考えて判断するのは、本当に大切なことです。信仰はある意味で、自分で考え納得して歩んでいくものです。考えることを停止し、言われたとおりになることが、真の信仰生活ではありません。

考えることを停止させることを、心理学等を使って意図的に行っているのがカルト宗教です。そして考えることのない、言いなりの人格を作ろうとします。それが恐ろしい、そして許されざる人格破壊であることは言うまでもありません。

しかし真の宗教はそうではありません。パウロがここで求めたように、信仰者は自分でしっかり考えて、判断できるようになることが大切です。教会はそのための教育を行うのです。自分で判断できる人を育てるのが、教会に託されている教育の使命です。

祭壇の前での食事の意味

こうして、自分で判断することを命じたパウロですが、判断基準として、いくつかのことが取り上げられます。

第一が、一六節、一七節にある主の晩餐、聖餐式です。第二が、一八節に記されている旧約聖書にあるイスラエルの犠牲の儀式です。先にこの一八節を見ておきます。

「肉によるイスラエルのことを考えてみなさい。ささげ物を食する者は、祭壇の交わりにあずかることになるのではありませんか。」

「肉によるイスラエル」とは、旧約聖書の神の民、ヤコブの子孫であるイスラエルの民のことです。そして旧約聖書には、律法によって、犠牲を献げる儀式のことが定められていました。ささげ物の種類にもよりますが、祭司は犠牲の肉を食べることができ、また、献げた人の家族も共に食事にあずかることができました。そしてこれは、単なる食事ではありません。パウロが一八節で、「ささげ物を食する者は、祭壇の交わりにあずかることになる」と述べているように、この食事によって、祭壇の交わりにあずかる者となりました。

この食事は、「祭壇の神」と「民」との契約のしるしでした。特段の意味をもたない単なる食事ではありません。そのささげ物を食べる者は、祭壇の交わりにあずかる者となります。つまり、その祭壇の神との交わりに入り、その祭壇の神による霊的な恵みにあずかるのです。

それゆえ、このささげ物の食事は彼らに効力をもち、そこで神による赦しが与えられ、恵みが与えられ、そして聖なる民としての身分が新たにされ、確証される時でした。この食事は、神と民との契約関係のしるしであったのです。

さらにこの祭壇の前での食事は、新約の聖餐式にもつながりをもちます。つまり、イスラエルの民がささげ物を食べることによって祭壇の交わりにあずかる者となり、祭壇の神の恵みが確証されたように、キリスト者はパンとぶどう酒にあずかることによって、キリストのからだと血にあずかり、キリストにある恵みが確証されるのです。

旧約聖書にある祭壇の前での食事は、これほどの大きな意味をもっていました。それは単なる食事とは言えません。

では、偶像の神の前での食事はどうなのでしょうか。それは単なる食事であって、偶像の神とは何の関係もないと言うことができるでしょうか。パウロはそのことを問いかけ、自分で判断するように求めています。

コリント教会のある者たちは、憚ることなく偶像礼拝者の集まりに出かけて行き、偶像のために催された儀式に参加して、食事にもあずかっていました。それが許されることなのか、自分で判断せよとパウロは言うのです。

聖餐式の意味

もう一つの判断基準が、主の晩餐、聖餐式です。パウロは主の晩餐を判断基準にして考えることを求めています。一六節にはこうあります。

「私たちが神をほめたたえる賛美の杯は、キリストの血にあずかることではありませんか。私たちが裂くパンは、キリストのからだにあずかることではありませんか。」

パウロは、主の晩餐が私たちにもたらすことを二つあげています。第一のことが一六節に記されています。すなわち、聖餐式は、キリストの血にあずかること、またキリストのからだにあずかることであるということです。

では、「キリストの血にあずかる」とはどういうことでしょうか。カルヴァンはこう言っています。

「この血の交わりとは、キリストがわたしたちみなを、ことごとくそのからだの中に結合したもうことによって、わたしたちがキリストの血につながれることである、と知られる。それは、わたしたちのうちにキリストが生きたまい、わたしたちが、キリストのうちに生きるためである」（前掲書、二三八頁）。

キリストの血にあずかるとは、キリストに結びつくことであり、キリストが自分のうちに生き、自分がキリストのうちに生きることです。私たちの罪のために死んでくださったキリストの贖いの死にあずかり、私たちのために復活されたその新しいいのちに生きることです。キリストのいのちに生きる者とされる。キリストによる新しい契約の祝福と効果にあずかる者とされるということです。

聖餐式にあずかることは、そのような意味でキリストとの交わりにあずかることを意味します。ですから一一章二七節では、「ふさわしくない仕方で主のパンを食べ、主の杯を飲む者があれば、主のからだと血に対して罪を犯すことになります」という警告もなされます。

聖餐式のパンとぶどう酒にあずかることは、決して単なる象徴的行為ではありません。それは「キリストの血にあずかり」、「キリストのからだにあずかる」という、現実的な恵みにあずかる行為です。キリストとの結びつきが保証され、キリストにある贖いの恵みが確証されることです。聖餐式を通して私たちは、キリストに結びつく者となり、キリストによる救いがいよいよ確かなものとされます。

このように、聖餐式が私たちにもたらす第一のことが、「キリストとの交わり」だと言えます。そしてもう一つのことが、一七節に記されています。

「パンは一つですから、私たちは大勢いても、一つのからだです。皆がともに一つのパンを食べるのですから。」

ここでパウロは、聖餐式で一つのパンが裂かれて与えられることに関心を向けています。パンは一つで、一つのパンを共にいただく。それは皆が一つのからだであることを示します。どんなに多くいるキリスト者も、実は一つのからだなのです。そしてそのからだとは、キリストのからだにほかなりません。

パウロが一二章二七節で、「あなたがたはキリストのからだであって、一人ひとりはその部分です」と述べているように、キリスト者は多くいても一つのからだなのであり、キリスト者はそのキリストのからだの部分です。

私たちの教会の聖餐式では、一つのパンが裂かれるわけではありません。小さな教会ならば、それも可能かもしれません。神学者によっては、一つのパンにもっとこだわるべきだという意見もあります。

ただ皆様に覚えておいていただきたいのは、聖餐式の中で必ずパンが裂かれるということです。これは、一つのものが裂かれることを象徴しています。そして一つのものが裂かれて、分け与えられていることを覚えていただきたいと思います。つまり、そこでまさに、一つであるキリストのからだが裂かれて、それぞれがそれにあずかるのです。すなわち、キリストのからだの一体性の中に入れられるのです。

聖餐式はこのように、キリストのからだにあずかることによって一つになる礼典です。聖餐式は、キリスト者の一致、教会の一致の基礎なのです。

教会の一致はいったい何によってもたらされるのでしょうか。教会では、一致のための様々な工夫がなされるでしょう。また信仰告白の一致も重要です。しかしより具体的には、私たちは聖餐に共にあずかることによって一つになるのです。聖餐式は、教会共同体に本当の意味での一致をもたらします。それゆえ、聖餐にあずかる者は、この一致を妨げることから自らを遠ざけねばなりません。とりわけ偶像礼拝から遠く離れる必要があります。

聖餐式はこのように、「キリストとの結合と交わりを保証するもの」であり、同時に、「同じキリストのからだの部分としての、相互の愛と交流を証しし、新たにするもの」です。聖餐式はそれほどのものですから、私たちはこれにふさわしく備える必要があります。そして聖餐の恵みがこれほどのものであるならば、この主の食卓と偶像の食卓の両方にあずかれないことは自明のことです。それゆえパウロは、偶像礼拝を避けなさい、と命じました。

しかし避けることだけが大切ではありません。避けるだけでなく、この主イエス・キリストが備えてくださった恵みにしっかりと心を向けて、熱心にこれにあずかることが大切です。

「偶像礼拝を避けなさい」とパウロは命じましたが、偶像というのは目に見えるものだけではありません。人の心をとらえ、従わせる「この世」のものは、すべて偶像になり得ます。そのような偶像礼拝に陥らないための唯一の手段は、真の神を深く知り、その神を礼拝し、その恵みに生かされていくことです。真の意味で偶像礼拝から自らを守るためには、いよいよ神礼拝に熱心になるしかないのです。

主が備えてくださった恵みの手段は、みことばと礼典と祈りです。それらが集約しているのが主の日の礼拝です。ですから礼拝こそが、私たちにとって最大の恵みの時であり、礼拝への熱心こそが、あらゆる意味での偶像礼拝から私たちを守るのです。

主イエスは、この誘惑の多い世の中にあって、恵みのうちに生きるために必要なすべてのものを備えていてくださるお方です。主の日の礼拝を第一にし、礼典にあずかり、みことばと祈りに生きる者を、主はしっかりと守り、祝福してくださいます。それが主の約束なのです。

43　主の食卓にあずかる者

〈Iコリント一〇・一九～二二〉

「私は何を言おうとしているのでしょうか。偶像に献げた肉に何か意味があるとか、偶像に何か意味があるとか、言おうとしているのでしょうか。むしろ、彼らが献げる物は、神にではなくて悪霊に献げられている、と言っているのです。私は、あなたがたに悪霊と交わる者になってもらいたくありません。あなたがたは、主の杯を飲みながら、悪霊の杯を飲むことはできません。主の食卓にあずかりながら、悪霊の食卓にあずかることはできません。それとも、私たちは主のねたみを引き起こすつもりなのですか。私たちは主よりも強い者なのですか。」

なぜ人は偶像を礼拝するのか

パウロは一九節で「私は何を言おうとしているのでしょうか」と問いかけています。パウロはここで、これまでの議論をもう一度整理しようとしています。というのは、これまでの議論がコリントの信徒たちに矛盾を感じさせたり、誤解を生じさせたりする可能性があったからです。

パウロは八章四節で、「世の偶像の神は実際には存在せず、唯一の神以外には神は存在しない」ことを明言しました。また八章八節で「私たちを神の御前に立たせるのは食物ではありません。食べなくても損にならないし、食べても得になりません」と述べ、食べ物であるかぎりキリスト者は何でも食べる自由があることを明言しました。偶像に献げられたとしても、その肉が単なる肉以上の何かに変化するわけではありません。また偶像は単なる石や木以上の、何らかの客観的に力ある存在であるわけではありません。

とすれば、当然次のような考えが湧くでしょう。ならば、キリスト者が偶像に献げた肉を食べたとしても何の問題もないではないか、たとえ異教の神殿で偶像の前でそれを食べたとしても、偶像の神などいないのだから、何の問題もないではないか、と。

パウロが八章で述べたことからするなら、そういう考えが出てきたとしても不思議ではありません。けれどもパウロは一〇章で、異教の神殿で偶像に献げられた肉を食べることを避けるように強く命じました。これは矛盾ではないか、とコリントの信徒たちが感じる可能性がありました。そこでパウロはここで議論を整理しているのです。

問題の中心はいったい何なのでしょうか。パウロは一九節から二〇節でこう述べています。

「偶像に献げた肉に何か意味があるとか、偶像に何か意味があるとか、言おうとしているのでしょうか。むしろ、彼らが献げる物は、神にではなくて悪霊に献げられている、と言っているのです。」

「偶像に献げた肉に何か意味があるとか、偶像に何か意味があるとか、言おうとしているのでしょうか」と問いますが、「そんなことはありません」という否定的な答えが想定されています。偶像に献げた肉が何か特別な意味をもつわけではありません。つまり、それ自体が単なる肉以上のものに変化するわけではありません。

そして偶像が何か実体として意味をもつのでもありません。つまり、それが木や石以上の力ある実体であるわけではありません。

ならば何が問題なのでしょうか。ここでパウロは悪霊のことをあげます。偶像の神は存在しません。しかしその偶像を用いて、人間に働く力があります。人間のたましいに対して、偶像を通して力を発揮しようとする存在がいるのです。それがまさに悪霊の力です。

パウロは異教の神々の実在を否定しながら、一方で神に敵対する霊的諸力の存在を肯定します。そしてその霊的諸力は、異教の宗教儀式と関連しています。それゆえパウロは、偶像に対する強い警戒を語るのです。

私たちの国だけでなく、世界の至るところに偶像は溢れています。なぜ人々は偶像を礼拝するのでしょうか。それが木や石でできていることはみな知っています。人間が造ったことを知っています。それなのに何ゆえ、多くの人はそれらを礼拝するのでしょうか。

キリスト教のことを非合理的だという人は多くいます。唯一の神が万物を創造されたなど考えられない。イエス・キリストが処女マリアから生まれたとか、多くの奇跡をなさったことなど、ありえない。ましてイエス・キリストの復活などあるはずがないと言われます。それはあまりに非理性的、非合理的だと言われます。そんな愚かなことをよく信じることができるものだと笑われることもあるかもしれません。

では偶像を礼拝することはどうなのでしょうか。それがはたして、理性的で合理的なことだと言えるのでしょうか。それが美徳であると、なぜ言えるのでしょうか。

聖書はなぜ人間が偶像を造り、拝むのかを説明しています。それは端的に言えば、人間は神との交わりに生きる者として本来創造されているからです。人間は神のかたちに似せて造られたと創世記は教えています。それゆえ人間は、神との交わりによって生きる者として存在しています。神のかたちに似せて造られたのは人間だけですから、人間以外の動物が宗教をもつことはありません。

しかしそのように造られた人間ですが、創世記三章に記されているように、人間は堕落しました。堕落によって人間は、自らの力で真の神を見出すことができなくなりました。けれども、人間は神との交わりに生きるという性質をもっています。しかし、一方で堕落によって真の神を見出せなくなったのです。

神を求めるという人間存在に基づく内的衝動と、しかし真の神を知ることができないという堕落による現実があります。神を必要としながら、神を知ることができない存在。それが堕落した人間存在です。それゆえ人間は、自らで神を造り出し、拝まざるを得ないのです。それが、人間が偶像を生み出す根本的な理由です。

ですから人間であるかぎり、何かを神として生きています。それがいわゆる偶像の神でなく、お金や物質、あるいは思想やイデオロギーである場合もあるでしょう。人間は、存在論的に神なしに生きることはできないのです。

偶像を礼拝すること、これは本当に非合理的なことです。冷静に考えれば分かることです。しかし、多くの人々はこれに疑問を抱かず、むしろ美徳として従います。また人々をそれに従わせようとします。それはいったい何ゆえなのでしょうか。キリスト教のことを非合理的だと感じながら、自分たちの偶像崇拝には疑問を抱かないのはなぜなのでしょうか。

パウロはその背後に働いている力を見ます。真の神に反対し、人々を誤った神々に縛りつけておく現実の働きがあります。それが悪霊の力なのです。きわめて自然なこととして、むしろ人間にとっての美徳として人々を偶像崇拝に縛りつけておく。悪霊はきわめて巧妙に、人間の心に働きかけているのです。

とすれば、偶像の前でその肉を食べることは、たいした意味のないことだとは言えません。偶像に供え物を献げることは、中立的なこととは言えません。パウロが言うように、それは神ではなく、悪霊に献げていることになるのです。

悪霊と交わる者となってはならない

二〇節の後半でパウロは言います。

「私は、あなたがたに悪霊と交わる者になってもらいたくありません。」

「悪霊と交わる者になってもらいたくありません」は、強い表現です。これは、偶像礼拝の本質を言い当てています。コリントの信徒たちが、偶像の神などいないと言って無防備に偶像に近づくこと、また肉をただの肉だと言って異教神殿でその肉を共に食べることは、悪霊の影響下に入ることにほかなりません。

悪霊の力を侮ってはなりません。同時に、自分の力を過信してはなりません。自分の霊的な力を過信して、霊的危険に対して無防備になってはなりません。偶像を神とする儀式に関わることは、悪霊と交わることであり、悪霊の仲間になることです。パウロがひたすら願ったのは、コリントの信徒たちが「悪霊と交わる者とならない」ことでした。そのための警告をしています。

悪霊に対する警戒を怠ってはなりません。しかし一方で、悪霊を過度に強調すること、意識することも決して健全なことではありません。信仰生活のすべてを、悪霊との戦いに一元化するような考えは、決して聖書的ではありません。それは熱狂主義と言うべきです。

聖書は確かに、悪霊の現実性、そのリアリティを否定しません。神ならぬ霊の力を否定しません。真の神から私たちを引き離すことが、悪霊の常に願っていることです。それゆえ私たちは、その力を侮ってはなりません。

けれども同時に私たちがしっかり覚えておく必要があるのは、悪霊は真の神には全く対抗できないということです。そして、悪霊の働きといえども、神の全能のご支配の範囲外にあるのではないということです。

それゆえ私たちにとって大切なのは、過度に悪霊を意識することではなくて、ひたすら主なる神に信頼することです。主なる神に拠り頼む者は、悪霊を恐れる必要はないのです。

主の食卓と悪霊の食卓

パウロは続く二一節でこう述べています。

「あなたがたは、主の杯を飲みながら、悪霊の杯を飲むことはできません。主の食卓にあずかりながら、悪霊の食卓にあずかることはできません。」

パウロはここで「主の杯と悪霊の杯」そして「主の食卓と悪霊の食卓」を対立的に並べ

ています。キリスト者は主の杯を飲み、主の食卓につく者であって、神ならぬ偶像の食卓、悪霊の食卓につくことがあってはなりません。

パウロはここで、主につくか、悪霊につくかの「あれか、これか」を掲げています。選択肢は二つしかありません。それらの本質が何であるかを知るならば、決して両方の食卓にあずかることはできません。一方を取れば、他方を排除するしかないのです。

主なる神を主とする者は、悪霊を主とする招待に応じることはできません。私たちが本当に主にある交わりの中にあるというならば、悪霊との交わりの中にいることはできません。

「主の食卓にあずかりながら、悪霊の食卓にあずかることはできません」とあるように、これは事実の確認です。「主の食卓と悪霊の食卓の両方についてはなりません」という命令ではありません。両方の食卓につくことはできないのです。本質的に相容れないものなのですから、それは不可能なのです。

主の食卓とは、言うまでもなく「聖餐式」を意味していますが、それは、キリスト者を主に結びつける礼典です。一六節に述べられていたように、「キリストの血にあずかり」、また「キリストのからだにあずかる」祝福の礼典です。

一方、悪霊の食卓は、悪霊との交わりであり、悪霊に結びつくものです。一方は主に結びつけるものであり、他方は、主から引き離すものです。このような性質をもつ、二つの食卓に共にあずかることは決してできません。

そのことは、一〇章六節から一一節に記されていた出エジプトの民の歩みからも明らかです。彼らは確かに、真正面から主なる神に逆らって、それを捨てて、偶像の神を選んだのではありません。むしろ、金の子牛を主なる神としました。主なる神を偶像として現したのです。そして、主への礼拝と、偶像礼拝をいわば共存させようとしました。しかしそれが可能だったのでしょうか。

もちろん不可能でした。偶像礼拝をした者たちは、結局、主なる神から離れていきました。彼らはそうではないと主張したかもしれません。しかし、実際には、偶像礼拝によって、真の神への信仰は歪んだものにならざるを得ませんでした。そして主の裁きが下りました。

「主の食卓にあずかりながら、悪霊の食卓にあずかることはできません。」「あれか、これか」しか、ここにはないのです。

主のねたみを引き起こしてはならない

しかしそれでも「両方の食卓にあずかりたい」と考えたらどうでしょうか。二二節でパウロはこう述べています。「それとも、私たちは主のねたみを引き起こすつもりなのですか。私たちは主よりも強い者なのですか。」

「主の食卓と悪霊の食卓の両方にあずかることはできない」にもかかわらず、あえて「両方の食卓」にあずかろうとするならば、それは主のねたみを引き起こすのです。キリストとの交わりと悪霊との交わりを混同しようとする者は、キリストのねたみ、キリストの怒りを駆り立てます。なぜならこれは、キリストの救いの恵み、また礼典による恵みを侮ることにほかならないからです。

それゆえパウロはコリントの信徒たちに対して、「あなたがたはあえてキリストを怒らせようと挑発するのか、あなたがたはキリストよりも強いというのか」と問うています。彼らは自分たちを正当化していたのでしょう。正当化する理屈をもっていたのでしょう。しかしそれをパウロは厳しく戒めています。

宗教改革者カルヴァンはこのみことばについてこう述べています。

「コリント人たちは、この点について自分たちのおかしている放埒さが、まるで許容されうることのように思わせようとしていた。わたしたちもとっくに承知していることだが、だれでも、非難をうけて心からうれしいと思う者はなく、わたしたちは、くさいものにふたをするために、互いにごまかし合うことばかり考えている。ところで、パウロは、このようなふるまいこそ、神に対する挑戦だと言うのである。かれが、このように言ったことは正しい。神がわたしたちに要求されていることは、御言葉によって告げられたことをしっかりと守ることにつきる。それゆえ、心にとがめるところもなく、勝手気ままに神のいましめをおかすため、ごまかしの一手を用いるやからは、神に対して公然とたたかいをいどむ者ではないか」（『カルヴァン新約聖書註解Ⅷ　コリント前書』二四二頁）。

とても厳しいことばですが、そのとおりでしょう。神を侮り、神のねたみを引き起こすことほど、恐ろしいことはありません。神のねたみというのは、神がどれほどご自身の民を愛しておられるかの現れです。愛がなければねたみも怒りもありません。その神の愛の御思いを、軽く考えるような歩みをしてはなりません。

分裂のない心で

一〇章一節から二二節は、結局、一四節の「偶像礼拝を避けなさい」という警句に焦点を合わせていると言えます。パウロが第一に語ったのは、偶像礼拝の危険を再認識させることです。コリントの信徒たちは自分たちの知識を誇り、自分たちを分別ある者として誇っていました。そして偶像礼拝の危険をあまり現実的に考えていませんでした。それに対してパウロは警告を発したのです。

パウロは、偶像が、私たちが考える以上に力をもつということも指摘しました。なぜなら、偶像の背後に働く悪しき霊の力があるからです。

人間は存在論的に、礼拝する神を必要とする存在です。ですから悪霊は、単に真の神から引き離すだけでなく、偽りの神を拝むように働きます。そしてそこに縛りつけるのです。それゆえ悪霊の力は偶像とともに働きます。ですから私たちは、偶像から逃げなければなりません。

パウロは第二に、この箇所で聖餐式の大切な意義について語りました。主の晩餐にあずかることは、キリストと結びつくことであると同時に、それにあずかるお互いが一つに結び合わされることです。それゆえ、聖餐式は教会にとっての中心的な事柄です。

一つに結び合わされるということは、キリストのからだの部分として生きることが求められるということです。キリストのからだのために、からだなる教会のためにどう生きるかが問われます。何を選び取り、何を捨てて生きるのか。聖餐にあずかるなかで私たちは、そのことを深く問うのです。そうして、一つのからだとして整えられていきます。

第三にパウロは、旧約のイスラエルの民、とりわけ出エジプトの民を、新約の教会の予型として示しました。それゆえ私たちは、旧約聖書のイスラエルの民の歴史からいつも学ばなければなりません。

私たちはイスラエルの民と同じように、約束の地に向かう旅人の集団です。旅人は余分なものはもちません。余分なものをもてば、旅ができなくなり、その地に縛られてしまいます。

また神の民の旅にとって大切なのは、目的地がはっきりしていることです。私たちの目的地は天の御国です。私たちはこの天の御国に入るように、その生涯を整えて生きます。それも共に手を携えて、そこを目指して旅をするのです。

しかし目的地がぼやければ、心が分裂していきます。天の御国よりもこの世のことが大きなことになってきます。となれば、この世に心を縛りつけようとする悪しき霊が働くのです。

主の食卓に真実にあずかることとは、こうした分裂しそうな心を再び一つ主に向けさせることでもあります。罪人である私たちの心は、常に「主」と「この世」に分裂する傾向を孕《はら》んでいます。しかし主の晩餐において、十字架の主に心を留め、そしてその主のご真実に私たちも真実にお答えする決心をもってこれにあずかるなかで、私たちもまた、分裂のない心と愛で主に仕える者とされるのです。分裂した心ではなく、分裂のない一つ心で主に仕える者に、主は限りない祝福をもって臨んでくださいます。

44　ほかの人の利益を追い求めよ

〈Ⅰコリント一〇・二三〜二九〉

「『すべてのことが許されている』と言いますが、すべてのことが益になるわけではありません。『すべてのことは許されている』と言いますが、すべてのことが人を育てるとはかぎりません。だれでも、自分の利益を求めず、ほかの人の利益を求めなさい。市場に売っている肉はどれでも、良心の問題を問うことをせずに食べなさい。地とそこに満ちているものは、主のものだからです。あなたがたが、信仰のないだれかに招待されて、そこに行きたいと思うときには、自分の前に出される物はどれも、良心の問題を問うことをせずに食べなさい。しかし、だれかがあなたに『これは偶像に献げた肉です』と言うなら、そう知らせてくれた人のため、また良心のために、食べてはいけません。良心と言っているのは、あなた自身の良心ではなく、知らせてくれた人の良心です。私の自由が、どうしてほかの人の良心によってさばかれるでしょうか。」

キリスト者の自由の目的

パウロは改めて一つの原則を提示しています。

「『すべてのことが許されている』と言いますが、すべてのことが益になるわけではありません。『すべてのことは許されている』と言いますが、すべてのことが人を育てるとはかぎりません。」

「すべてのことが許されている。」これはコリント教会におけるいわゆる「強いキリスト者」のスローガンでした。強いキリスト者とは、自分たちの知識を誇り、自分たちの信仰を誇っていた者たちのことです。信仰に自信をもっていた彼らの強さが、教会にとって必ずしもプラスではなく、それが不和や争い、また分裂の原因となっていました。パウロはそのような彼らのあり方が、コリント教会の抱える諸問題の根本原因だと見ていました。

では、彼らのスローガンである「すべてのことが許されている」ということばは、誤りなのでしょうか。「すべてのことが許されている」ということは、自分たちキリスト者は自由であるということです。彼らはキリスト者の自由を、このスローガンによって表していました。

パウロは彼らのスローガンを取り上げているわけですが、決してその「キリスト者は自由である」という主張を否定しているのではありません。むしろパウロ自身、キリスト者は自由であるという強い確信をもっていました。彼は、キリスト者こそが本当の自由を得ていると確信していました。なぜならキリスト者は、イエス・キリストによる救いにあずかることを通して、神の怒り、律法の呪いから解放された者だからです。キリストに買い取られたことによって、この世とサタンへの隷属と、罪の支配から解放されました。永遠の断罪から救い出されただけでなく、今すでに神の子とされて、自由に神に近づくことができるようになりました。

キリスト者はまさに、人間を隷属させていたすべてのものから解放されたのであり、まさに神以外のあらゆることから解放されています。本当の自由が与えられている者こそ、キリスト者なのであり、信仰生活とは「自由な生活」だと言うことさえできるのです。

ですから、強いキリスト者のスローガンであった「すべてのことが許されている」を、パウロは否定しません。むしろ賛同していると言ってよいでしょう。キリスト者は真の自由を与えられています。ですから、食べ物のことなどで煩わされる必要はありません。

それならば、何をしてもよいのでしょうか。キリスト者は自由なのだから、何をしてもよいのでしょうか。パウロはそれに対して、何をしてもよいとは言いません。彼はここで二つのことをあげています。

一つが「すべてのことが益になるわけではありません」ということです。自由であって、すべてのことをすることができるとしても、「すべてのことが益になるわけではない」のです。益にならないことをするために、自由が与えられたのではありません。

「何のために」キリスト者には自由が与えられたのかを考えることが大切です。また、「何によって」自由が与えられたかを考えることも大切です。

キリスト者である私たちに自由が与えられたのは、ひとえにイエス・キリストの犠牲によります。イエス・キリストが十字架の上に自らの命を私たちの身代わりとして献げてくださったことによります。

では、イエス・キリストはなぜ自らを献げられたのでしょうか。それは、私たちを罪から解放するためでした。呪いと滅びから解放するためでした。私たちが神の子として、神の栄光を現す者となるためでした。神の子として神の栄光を現すための自由こそ、私たちに与えられている自由なのです。

それがキリスト者の自由なら、その自由によって神に背くことなどあるはずがありません。その自由が放縦になるはずがありません。その自由は、勝手気ままが許されるということでは決してありません。

どれほどの恵みが私たちに与えられているかを知ることが大切です。イエス・キリストは私たち一人ひとりの罪の赦しのために、ご自身を十字架の上に献げてくださいました。私たちの自由は、その犠牲によって与えられた自由です。とするならば、私たちが自らの罪に対して敏感になるのは当然でしょう。キリストが何のために十字架の上で苦しまれたのかを知るならば、それを侮るようなことができないのは当然です。キリストの御思いと御業を知るならば、そのキリストに背を向けて生きることはできないのです。

とすれば、与えられた自由を、勝手気ままや放縦と履き違えることなどできるはずがありません。この自由を与えてくださったイエス・キリストに目を留めているならば、自由を自分の益のためだけに用いることなどできないのです。

パウロがあげた第二のことは、「すべてのことが人を育てるとはかぎりません」ということです。「人を育てる」と訳されていることばは、建築に関することばで、「建てる」という動詞です。パウロは、キリスト者としての特質の発達や、教会共同体の成長の際に、しばしばこのことばを用いました。

教会はキリストのからだであり、私たちはその枝です。私たちに自由を与えてくださったキリストの犠牲と愛に目を留めるならば、私たちは決して、キリストのからだなる教会を蔑《ないがし》ろにすることはできません。キリストに本気で目を留めるならば、その「キリストのからだなる教会」のことを考えざるを得ません。自由を与えられた者は、教会の建徳のことを考えないわけにはいかないのです。

ほかの人の利益を求める

キリスト者は自由です。しかしその自由は、益を生み出すために与えられています。そしてその益とは、自分にとっての益というより、ほかの人の益のことです。それゆえパウロは二四節で続けて言います。

「だれでも、自分の利益を求めず、ほかの人の利益を求めなさい。」

キリスト者の自由は、自分のためではなく、ほかの人のためにこそ用いられるべきです。これが自由の本当の意味です。

コリント教会における強いキリスト者の主張はそうではありませんでした。彼らにとって大切なのは、ほかの人の益ではなく、自分の権利でした。自分の権利を力説し、それに対する妨げを、いわば蹴散らして生きること、それが彼らの生き方でした。キリストによって与えられたと信じている権利、特権を、最大限に活かして生きること。それが彼らの関心でした。

そして、彼らはそのような自分たちの生き方が、ほかの人にどのような影響を与えているかに無関心でした。ほかの人が、彼らの言動によって、どんな思いをもつかに無関心でした。自分の権利のことしか考えていません。ほかの人のことを感じ取る心が失われていました。

そして失われていたのは、ほかの人のことを感じる心だけではありません。イエス・キリストの御思いを知ろうとする思いにも欠けていました。この自由と権利を与えてくださったのは、主イエスです。ならば、その主イエスの御心を求めて生きるのは当然ではないでしょうか。なぜこの自由が与えられたのかを考えて、主の御心のうちにそれを用いようとするのは当然ではないでしょうか。しかし彼らはそうではなかったのです。主イエスの御心を離れて、権利意識だけを強くもちました。主イエスの御心や、ほかの人の心を感じ取れる心の柔らかさや感性が失われていました。それゆえ彼らは、自分の利益だけを求める生き方になってしまったのです。

しかし、キリスト者の自由、私たちに与えられている自由は、自分の益のためにあるのではありません。ほかの人の益のためにあります。パウロは命令形で「ほかの人の利益を求めなさい」と言います。命令されなくても私たちは、自分の利益は追い求めます。自分のことばかり考えて生きる性質をもっています。ですからパウロは「自分の利益を求めず、ほかの人の利益を求めなさい」と命じるのです。

パウロがこの命令をしながら模範として見つめているのは、イエス・キリストご自身です。イエス・キリストこそ神の御子として本当の自由をおもちのお方でした。しかし主はその自由をどう用いられたのでしょうか。私たちを救うために用いられたのです。

ピリピ人への手紙の中でパウロが述べているように、「キリストは、神の御姿であられるのに、神としてのあり方を捨てられないとは考えず、ご自分を空しくして、しもべの姿をとり、人間と同じようになられました」（二・六〜七）。そして、十字架の上に自らを献げられました。パウロはそのキリストの姿を見ながら、「それぞれ、自分のことだけでなく、ほかの人のことも顧みなさい」（同四節）と述べました。

私たちは、そのキリストの犠牲によって自由を与えられました。そしてその自由は、何よりほかの人の利益を追い求めるための自由です。その意味で私たちの心は、もっとほかの人の思いやその状況に対して敏感である必要があるでしょう。本当にその人にとって益となることはいったい何なのかを、もっと深く考え、感じる感性が必要でしょう。

私たちはしばしば、その人のためと言いながら、自分の考えを押しつけて、良しとするのです。私もその過ちを繰り返している者だと思います。しかし、それでは自己満足であって、本当の意味で相手の益にはなりません。

主イエスだけが、本当の意味でほかの人の益のために生き抜かれたお方です。私たちはその主イエスによって自由を与えられた者として、ほかの人の利益を追い求めて生きる必要があるのです。

地とそこに満ちているものは主のもの

二五節からパウロは具体的な問題に向かいます。残されていた第一の問題は、市場で売っていて、偶像に献げられたかどうかが明らかでない肉を食べることができるかということです。

当時、異教神殿で屠られた肉の多くが市場に卸されて売られていました。そして、市場で売られている肉の出所を追及して、それを確実に知ることは不可能でした。つまり、市場で売られている肉には、偶像に献げた肉が含まれていたのです。キリスト者はそれを食べて良いかどうかが、ここでの問題です。

パウロはそれについて、二五節、二六節で次のように答えています。

「市場で売っている肉はどれでも、良心の問題を問うことをせずに食べなさい。地とそこに満ちているものは、主のものだからです。」

パウロは、「市場で売っている肉はどれでも、良心の問題を問うことをせずに食べなさい」と言います。良心の問題として取り上げずに、ただの食物として買い求めて食べてよいということです。八章で述べたように、偶像の神などいないのですから、偶像に献げた肉それ自体が霊的に汚れていることはありません。ですから、その肉の出所を追及する必要はなく、自由に食べてよいと言います。

パウロはその理由として、旧約聖書のみことばを引用しています。この「地とそこに満ちているものは、主のものだからです」は、詩篇二四篇一節のみことばです。地のすべての賜物は神のものです。ですから、異教徒が偶像の前に献げようと、その前でどのような儀式を行おうとも、その肉自体が主の恵みの賜物であることに変わりはありません。地に満ちているものはたとえ何に利用されても、神の被造物であり、主のものです。ですから、たとえ偶像に献げられたとしても、キリスト者はそれを主の恵みの賜物として食べることができるのです。

このパウロの判断は、当時のユダヤ教と全く異なるものでした。ユダヤ教では、偶像に献げた肉が含まれている可能性があるため、市場に出た肉を食べることを禁じていました。肉を買う際は、その肉の出所を懸命に追及しました。

それを考えれば、パウロの主張は非常に大胆な自由の主張と言えます。しかしそれは主イエスのことばと一致しています。

主は「外から入って、人を汚すことができるものは何もありません。人の中から出て来るものが、人を汚すのです」（マルコ七・一五）と言われました。外からからだに入る食べ物によって人は汚されるのではありません。そのような時代は、終わりを告げました。パウロはローマ人への手紙の中でこう述べています。

「私は主イエスにあって知り、また確信しています。それ自体で汚れているものは何一つありません。ただ、何かが汚れていると考える人には、それは汚れたものなのです」(一四・一四)。

キリスト者にとって、それ自体で汚れているものは何もありません。ですからパウロは、市場で売っているものは何でも食べることができると主張しました。これは、ユダヤ人の感性からすれば、まさに衝撃的なことであったでしょう。しかし、パウロはキリスト者に与えられている自由を大胆に、そして明確に語ったのです。

異教徒との付き合い

もう一つの具体的な問題がありました。それは、信仰をもっていない人に、その家庭での食事に招待された場合のことです。その場合、当然ながら、偶像に献げられた肉が料理として出される可能性がありました。それを食べてよいのか。またそのような食事の招きに応じてもよいのかという問題です。

これに対してパウロは二七節で、こう述べています。

「あなたがたが、信仰のないだれかに招待されて、そこに行きたいと思うときには、自分の前に出される物はどれも、良心の問題を問うことをせずに食べなさい。」

パウロはここでも明確に、異教徒の家に招待されたときは、そこで出されたものをすべて食べてよいと述べました。その肉の出所を尋ねる必要はなく、自由に振舞ってよいとしたのです。

この点も、当時のユダヤ人のあり方と対照的です。ユダヤ人たちにとって、異邦人の家で食事を共にするなど考えられないことでした。彼らはあくまで自分たちだけの生活領域を形成していたのです。

これに対してパウロは、キリスト者がそうしたユダヤ人の生き方を脱却するように求めています。実際にユダヤ人キリスト者は、これまでのユダヤ人社会にとどまるか、それとも異邦人キリスト者との交わりに加わるかという葛藤の中にいたことでしょう。ですから、この食事の問題は、単に食事だけの問題ではなく、日常生活や社会生活にも繋がる実に大きな問題でした。キリスト者は、社会の中でいかに生きるべきか、ということに関係する問題であったのです。

そしてパウロが命じたのは、キリスト者は自分たちだけで閉鎖的な交わりを作るのではなく、異教徒とも自由に交際し、接点をもつべきだということでした。これがキリスト教とユダヤ教の大きな違いです。キリスト教は、自分たちだけの閉じたゲットーを作るのではありません。キリスト者は、そして教会は、周囲の世界との交わりに開かれているべきなのです。キリスト者は信仰をもっていない人と積極的に付き合い、証しすることが求められているのです。

ほかの人の良心への配慮

このようにキリスト者は、異教徒の家での食事の招待を受けることができるのですが、この自由には一つの例外がありました。それは二八節にあるように、「だれかがあなたがたに『これは偶像に献げた肉です』と言った場合です。この場合には、その肉を食べてはいけないとパウロは言います。

この「だれか」がだれなのかよくわかりません。招いてくれた異教徒の主人なのか、それとも一緒に招かれた異教徒の客なのか、それとも共に食卓についていた「弱いキリスト者」のことなのか。それによって、この「これは偶像に献げた肉です」と語られたことばの意味も変わってきます。

ことばを発したのが異教徒であるならば、このことばは「キリスト者はこの肉は食べられないのではありませんか」という指摘かもしれませんし、またはあえて「これは偶像に献げられた特別な肉です。どうぞ召し上がれ」という宗教的信念から出た勧めのことばである可能性もあります。またこのことばを発したのが「弱いキリスト者」、つまり、偶像に献げた肉を食べてはいけないと感じていたキリスト者であるならば、パウロが食べることに恐れを感じて指摘したと考えられます。

いずれにせよ、こうした状況においては、この肉を食べることは特別な意味をもつのです。パウロがこれを食べれば、異教徒は、キリスト者は自分たちの信じる偶像礼拝を容認してくれたと考える可能性がありました。また弱いキリスト者であれば、パウロがそれを食べることによって信仰が傷ついてしまう可能性がありました。とにかく、この状況においてパウロがこの肉を食べるならば、人に誤解を与えたり、害を与えたり、またはつまずきを与える可能性がありました。キリスト者は自由ですから、本来的にはこの肉を食べることは可能です。しかしそれが、ほかの人の害やつまずきになるならば、それをしてはならないのです。それゆえパウロは二九節で言っています。

「良心と言っているのは、あなた自身の良心ではなく、知らせてくれた人の良心です。」

ほかの人の良心に対する十分な配慮が必要です。たとえ自由に属する行為であったとしても、それによってほかの人の心を傷つけてはいけないのです。

ならばキリスト者の自由は制限されているのでしょうか。自由とは名ばかりで、本当は不自由なことばかりなのでしょうか。「自らの自由」と「ほかの人への配慮」は対立するのでしょうか。そうではありません。

キリスト者は自由であるからこそ、ほかの人への配慮をすることができるのです。キリスト者はキリストに愛され、自由にされているからこそ、ほかの人を愛し、配慮することができます。

自由を知らない者、愛を知らない者が、人を愛し、人を自由にすることはできません。しかし逆に、自由を得ている者は人を自由にすることができます。愛されている者は、人を愛することができるようになります。

「ほかの人の利益を追い求めなさい」とパウロは命じました。それは、本来不可能なことを命じているのではありません。ほかの人の本当の益となるためには、まず自分自身が、キリストにある愛と自由を深く知っていなければなりません。愛されたものだけが人を愛することができるのであり、自由にされたものだけが、人を自由にすることができるのです。

主イエスは「真理はあなたがたを自由にします」(ヨハネ八・三二)と言われました。その自由は、まず自分を生かし、そして他者を生かすものとなります。愛され、解放された者は、他者を愛し、他者を自由に生かすことができるのです。

45　すべて神の栄光のために

〈Ⅰコリント一〇・三〇〜一一・一〉

「もし私が感謝して食べるなら、どうして私が感謝する物のために悪く言われるのでしょうか。こういうわけで、あなたがたは、食べるにも飲むにも、何をするにも、すべて神の栄光を現すためにしなさい。ユダヤ人にも、ギリシア人にも、神の教会にも、つまずきを与えない者になりなさい。私も、人々が救われるために、自分の利益ではなく多くの人々の利益を求め、すべてのことですべての人を喜ばせようと努めているのです。私がキリストに倣う者であるように、あなたがたも私に倣う者でありなさい。」

愛とともに働く自由

キリスト者は自由です。しかしその自由の行使が、ほかの人のつまずきになる危険性があるなら、その行為を控える必要があります。それゆえパウロは、ほかの人の良心のゆえに、偶像に献げた肉を、ある場合は食べてはいけないと命じました。

とすれば、「私の自由は奪われることになるのか」、「私は本当は自由ではないのではないか」という疑問が生じても不思議ではありません。それに対して二九節後半から三〇節でパウロはこう言っています。

「私の自由が、どうしてほかの人の良心によってさばかれるでしょうか。もし私が感謝して食べるなら、どうして私が感謝する物のために悪く言われるのでしょうか。」

ここでパウロは、ほかの人の良心に配慮したとしても、それで自分の自由が左右されることはない、と言います。また、たとえ偶像の神殿から卸された肉であっても、感謝して食べていることについて、人から悪口を言われるいわれはない、と言います。

パウロはキリスト者の自由が、ほかの人の良心の支配下に置かれることを認めません。自由自体が、ほかの者の良心の支配下に置かれるわけではありません。自由自体が内的に制約されるわけではないのです。

しかしその自由は、勝手気ままや放縦を意味するのではありません。ギリシアの知識人たちが、知識を誇り、勝手気ままに振舞っていたそういう自由ではありません。むしろキリスト者の自由は、愛とともに、感謝とともに働くのであって、他者の良心に配慮することと対立するものではないのです。

自由な者こそ、愛と感謝に生きることができる。それが、聖書が教えるキリスト者の自由なのです。

すべて神の栄光を現すためにしなさい

全体の結論としてパウロは最後に三つの命令をしています。第一の命令が三一節です。「こういうわけで、あなたがたは、食べるにも飲むにも、何をするにも、すべて神の栄光を現すためにしなさい。」

この命令こそ、キリスト者の行動の基本原則と言ってよいでしょう。「食べるにも飲むにも、何をするにも」、すべてのことは「神の栄光を現す」ことに従属させられねばなりません。

「神の栄光を現すため」とは、「神のすばらしさが現されるため」、「人々が真の神をあがめるようになるため」ということです。ここでは、人間中心の視点から神中心の視点への転換が求められています。人間中心とは、つまり自己中心ということです。神と無関係に、自分のために生き、自分のために行動することです。神のことを考えずに、物事を判断し、実行することです。神信仰が、その人の生き方と生活において、実質的に意味をもっていない状態のことです。

それに対して神中心というのは、自分の存在をいつも神との関係で理解することです。自分はいったい何のために造られたのか。また自分はいったい何のためにイエス・キリストの救いにあずかったのか。それは決して、自分勝手な生き方をするためではありません。自分の思いを第一にして生きるためではありません。私たちは神の栄光のために造られたのであり、また神に仕えるために救われました。いつもその根源にさかのぼって考えます。そして神のみこころを問います。それが神中心ということです。

そして、「食べるにも飲むにも、何をするにも」とあるように、神の栄光を現すというのは、何か大きなこと、偉大なこと、人から評価されるようなことをするということではありません。「食べる、飲む」といったまさに単純で、日常的なことで神の栄光を現すことができるのです。私たちは日常の生活を次元の低いことと考えてはなりません。ルーティーンに思えるような生活こそが大切なのであり、そこで神の栄光を現すことができるのです。

そして、日常生活ということは、つまり全生活ということです。宗教改革者カルヴァンはこう述べています。

「コリント人たちにしてみれば、このようなささいな事柄においては、非難・譴責を避けるために、これほどこまごまと気をつかう必要はあるまいと思われるかもしれなかった。そう思わせないために、パウロは、どんなささいな事柄であろうと、わたしたちの全生活において神の栄光に関係のない事柄はないと教える。そして、わたしたちは、食べるにも飲むにも、神の栄光を進めるように努力しなければならない、と説く」（『カルヴァン新約全生活で神の栄光を現しなさいとは、全生活を細々とチェックし直しなさいということではありません。むしろ問われているのは、どういう方向を向いて生きているのかということです。

自己中心の視点で生きているのか、それとも神中心の視点で生きているのか。本当に神に従いたいと心から願い、そのために生活を整えたいと思っているのかということです。どこを向いて生きているのか、その方向性が何より大事です。

つまずきを与えない者になりなさい

第二の命令は三二節です。

「ユダヤ人にも、ギリシア人にも、神の教会にも、つまずきを与えない者になりなさい。」

第二の命令は「つまずきを与えない」ことです。「神の栄光を現す」とは、消極的に言うならば「人につまずきを与えない」ということです。

パウロはここで「ユダヤ人にも、ギリシア人にも、神の教会にも」と言っていますが、それぞれにとってつまずきの原因は違います。ユダヤ人のつまずきとならないために、取るべき態度があり、ギリシア人のつまずきとならないために取るべき態度がありました。

ユダヤ人に対しては、キリスト者の自由をいたずらにひけらかせば、それがつまずきになる危険がありました。一方、ギリシア人に対しては、彼らはとにかく自由に生きていましたから、自由が制約されると感じることがつまずきになる可能性がありました。つまり、ユダヤ人を喜ばせることがギリシア人を不快にさせ、また逆にギリシア人を喜ばせることがユダヤ人を不快にさせるのです。さらに、神の教会の人たちは、違った理由でつまずきを覚えることがあります。

そうした難しい状況を踏まえて、だれに対しても、つまずきの種にならないことが基本的態度でなければならないとパウロは言います。そのためには、霊的な知恵が必要なのは言うまでもありません。また、他者がどう感じるかという繊細な心配りが必要です。乱暴でひとりよがりな、自己中心的な考えや行動が戒められています。

そしてこの「人につまずきを与えない態度」を積極的に言い直しているのが、三三節のみことばです。

「私も、人々が救われるために、自分の利益ではなく多くの人々の利益を求め、すべてのことですべての人を喜ばせようと努めているのです。」

「つまずきを与えない」というのは消極的なことですが、積極的に言えば「多くの人々の利益を求め、すべてのことですべての人を喜ばせようと努める」ということです。

そしてパウロは「すべてのことですべての人を喜ばせようと努めている」と言いますが、

これは決して、いたずらに相手の機嫌を取って喜ばせるということではありません。摩擦を避けて、相手にいたずらに順応するということではありません。

パウロが言う「多くの人々の利益」とは、真の意味での利益です。相手の機嫌が良くなるというような浅薄な意味ではありません。利益とは、神との関係における利益です。相手が神にある利益を受けることです。その神による利益、究極の利益が「救い」であることは言うまでもありません。

ですからパウロは、「私も、人々が救われるために、自分の利益ではなく多くの人々の利益を求め」ていると語ります。パウロの、他者に対する態度の究極の目的ははっきりしていました。それは「彼らが救われること」です。

「人々が救われるため」。そこに彼の態度は決定的に規定されていました。相手の救いのためになる態度を、彼は選び取ったのです。

ですからパウロは、人につまずきを与えないことに懸命に心を配りました。しかし、どんな場合でもつまずきを避けるべきだというわけではありません。キリストのゆえのつまずき、福音のゆえのつまずきは避けられませんし、避けてはなりません。けれども、自分のゆえのつまずき、自分の頑なさやプライドによるつまずきを引き起こしてはならないのです。

私に倣う者でありなさい

第三の命令が一一章一節です。章が変わりますが、これは明らかに一〇章とのつながりで理解すべきです。

「私がキリストに倣う者であるように、あなたがたも私に倣う者でありなさい。」

第一と第二の命令でパウロが命じた態度は、何をするにも神の栄光を現すこと、また、だれに対してもつまずきとならず、真の利益のために、すなわち人々の救いのために生きるということでした。

これはまさにキリストの姿であると言えます。パウロの命じたことの完全な姿こそ、キリストの姿でした。そしてパウロはそのキリストに倣う者でした。それゆえ、彼は続いて「私に倣う者でありなさい」と命じるのです。

誤解してはならないのは、パウロ自身が基準だと言っているのではない点です。パウロはただキリストに倣っていました。そのことを抜きにして、この命令はあり得ません。パウロを模倣せよ、パウロを教会の規範にせよということではありません。

パウロはキリストに従う者でした。そのことを彼は、一般的、抽象的に概念として語ったのでなく、自らの生き方を通して示していました。「キリストに従う」ことを、生活化し、具体化していました。そのようなパウロに、私たちは倣わなければなりません。つまり、パウロに倣うことを通して、キリストに倣うのです。

では、倣うべきキリストの姿とはどのようなものなのでしょうか。キリストに倣うというのは、キリストのように優しい人になるとか、キリストのようにやさしいことばを語るとか、そういうことなのでしょうか。そうではありません。

倣うべきキリストの姿とは、何より十字架に向かって歩まれたキリストの姿です。十字架に向かうキリストの従順の姿です。ピリピ人への手紙二章で、パウロはそのキリストのへりくだりと従順にこそ、倣わなければならないと述べました。それゆえキリストに倣うとは、キリストの苦難を共にし、キリストに従う道を選び取ることなのです。

それでは、パウロはなぜ「キリストに倣う者になれ」と言わずに、あえて「私に倣う者でありなさい」と言ったのでしょうか。この命令には、パウロの傲慢さが隠されているのでしょうか。そうではありません。

私たちは、キリスト者としての現実の生き方をどうやって学ぶのでしょうか。私たちはだれしも、他者の模範を通して、現実の生活の中でキリスト者がいかに振舞うかを学ぶのです。ですからパウロは、自分自身をモデルとして提供しました。キリストに倣う生き方のモデル、キリストに倣う生活のモデルです。

私たちは、使徒パウロのようには生きられない、彼のようにはとてもなれないと考えます。そう言うのは簡単です。しかしそれで終わりにすることはできません。

なぜなら、現実には私たち自身が必ずだれかの信仰のモデルになっているからです。キリスト教の信仰生活とはこういうものか、と思われるモデルになっています。親は確実に子どもの信仰生活のモデルになっています。家族の中だけでなく、教会の中でも、また未信者に対しても、キリスト者は何らかのモデルとなっています。

私が信仰に入ったときも、強い影響を受けた信仰の先輩方がいました。信仰の影響は、知識や理屈で受けるのではありません。やはり生活によって受けるのです。他の信仰者をモデルとして、それに倣うことによって自らの信仰生活を形づくるのです。

だとしたら、私たちもまた良いモデルを目指すのは当然でしょう。パウロのように「私に倣う者でありなさい」と言える者を目指すのは当然でしょう。

ここには大きなチャレンジがあります。私たちはどんな信仰者としてのモデルを他者に提供するのでしょうか。キリストに倣うというその点においてのみ、私たちもまた、キリスト者の生活をふさわしく指し示すモデルとされるのです。

46　男と女

〈Ⅰコリント一一・二〜一〇〉

「さて、私はあなたがたをほめたいと思います。あなたがたは、すべての点で私を覚え、私があなたがたに伝えたとおりに、伝えられた教えを堅く守っているからです。しかし、あなたがたに次のことを知ってほしいのです。すべての男のかしらはキリストであり、女のかしらは男であり、キリストのかしらは神です。男はだれでも祈りや預言をするとき、頭をおおっていたら、自分の頭を辱めることになります。しかし、女はだれでも祈りや預言をするとき、頭にかぶり物を着けていなかったら、自分の頭を辱めることになります。それは頭を剃っているのと全く同じことなのです。女は、かぶり物を着けないのなら、髪も切ってしまいなさい。髪を切り、頭を剃ることが女として恥ずかしいことなら、かぶり物を着けなさい。男は神のかたちであり、神の栄光の現れなので、頭にかぶり物を着けるべきではありません。一方、女は男の栄光の現れです。男が女から出たのではなく、女が男から出たからです。また、男が女のために造られたのではなく、女が男のために造られたのだからです。それゆえ、女は御使いたちのため、頭に権威のしるしをかぶるべきです。」

礼拝における諸問題

コリント人への手紙第一は、この一一章二節から新しい主題に入ります。一一章から一四章で扱われるのは、教会の公的礼拝における諸問題です。抽象的に礼拝のことが論じられるのではありません。具体的にコリント教会で起こっていた礼拝に関する諸問題が、ここで取り扱われます。おそらく、コリント教会からの問い合わせに対するパウロの回答であると思われます。

教会の姿というのは、その礼拝において典型的に表されます。それは教会が何より礼拝共同体であるからです。神を礼拝する共同体が教会ですから、神礼拝に教会の姿が現れるのは当然でしょう。

それゆえ、教会の問題も公的礼拝において顕在化します。教会が病んでいるときには、必ずと言ってよいほど、礼拝も病んでいるでしょう。また逆に、教会を改革するためには、何よりも礼拝を改革することが大切です。

コリント教会の問題も、礼拝において顕在化していました。パウロは具体的ないくつかの問題をここで取り上げていきます。第一は、一一章二節から一六節にある礼拝でのかぶり物の問題です。第二は、一一章一七節から三四節にある、主の晩餐における混乱の問題です。第三は、一二章から一四章にある、礼拝における霊の現れの問題です。

全体を通して言えることは、こうした諸問題が礼拝に混乱を招き、秩序を失わせていたのに対して、パウロは礼拝における正しい秩序を保つことを求めたということです。神礼拝における正しい秩序の必要を、パウロはここで説いています。

具体的な第一の問題に入ります。それは、公的礼拝の中で女性がかぶり物（ヴェール）をかぶるべきであるか否かの問題です。こうしたことが問題になるのは、当然ながらその時代の文化風習という背景があるからです。

女性が公の場でかぶり物をするというのは、ユダヤ人社会では当然のこととされていました。ユダヤ教の文献によれば、女性が頭の覆いなしに公共の場に出ることは恥ずべきことであり、それだけでも離婚原因になったそうです。これがユダヤ人社会での風習でありました。

では、コリントのようなギリシア人社会ではどうだったのでしょうか。これについては確定的なことは分かりません。ユダヤ人社会ほど、それが一般的であったとは言えないでしょう。神学者によっては、ギリシアの女性も公の場ではかぶり物をつけていた可能性が高いと言いますが、それがどれほど一般的であったかは分かりません。

ただ、ユダヤ教の一派から始まったキリスト教会においては、女性たちは通常ヴェールを着けて礼拝に出席していたようです。それが小アジアやギリシアにある教会においてどれほど一般的であったかは分かりませんが、少なくともコリント教会においては、それが通常の姿であったようです。

しかしある女性たちが、礼拝でヴェールを着けることを拒否し始めました。おそらくそれには二つの原因があったと思われます。

一つは、キリスト者の自由を強く主張したためです。すでに学んできたように、コリント教会にはキリストによって与えられた自由を過度に強調する信仰者たちがいました。キリストによって自分たちは新しくされたのであり、キリストにあってはもはや男も女もない。だから、女性だけがつけるかぶり物など不要だと主張したのです。彼らはキリスト者の自由を掲げて、習慣化していた慣例を侮蔑したのです。

もう一つの原因として考えられるのは、熱狂主義の影響です。五節に「女はだれでも祈りや預言をするとき」とありますように、かぶり物をかぶるかどうかが問題となったのは、礼拝の中で「祈りや預言をする」という状況でのことでした。つまり、礼拝の中で「祈りや預言をする」際に起こった熱狂の中で、秩序が崩壊し、服装の面でも異常事態を招いていたのです。

この「キリスト者の自由の過度の強調」と「熱狂主義」は、おそらく関連していたことでしょう。七章で学んだように、コリント教会のある人たちは、キリストによってもはや男も女もないという主張を熱狂的に奉じていました。そして性別というものを乗り越えようとしていました。

それゆえ、礼拝で女性だけがつけていたヴェールを取り、髪を下ろしました。これらの女性たちにとって、性別のしるしであり、また拘束のシンボルであったヴェールを脱ぎ捨てることによって、性別を乗り越えようとしたのです。

これに対してパウロは何と言ったのでしょうか。それが二節から一六節に記されています。彼はこの問題を語り始める前に、まず二節でこう述べています。

「さて、私はあなたがたをほめたいと思います。あなたがたは、すべての点で私を覚え、私があなたがたに伝えたとおりに、伝えられた教えを堅く守っているからです。」

パウロがしばしばしたことですが、彼は自分の主張を始める前に、まず相手方の良い点を取り上げて称賛します。それは、彼が単に相手を論駁することを目的にしているのではないこと、つまり相手を敵と思っているのではなく、あくまで愛をもって諭すことが目的であることを示していると言えます。

パウロが称賛したのは、すべての点でパウロのことを覚えていることと、パウロの伝えた教えを堅く保っていることでした。パウロの伝えた教えとは、彼の個人的な教えではなく、教会の中心的教え、伝承のことです。初代教会の教えの中で、非常に重要なものとして形成されてきた教えです。まだ聖書が完結していない時代ですから、この使徒的教えこそが、聖書の教えだと言ってもよいでしょう。
教会にとって権威の基準となる教えです。それをコリント教会は忘れず、蔑《ないがし》ろにせず、堅く守っていました。様々な問題のあったコリント教会ですが、パウロが伝えた中心的な教えは保っていました。そしてそれが教会において権威をもっていたのです。

教会にとって称賛に値することとは何なのでしょうか。それは人数が増えて大きな教会になること、たくさんの活動をすることではありません。もちろんそれらは、すばらしいことでしょう。しかし一番大切なことは、教会にとっての中心的教え、権威となる基準が保たれていることです。それが中心として機能していることです。言い換えれば、聖書が教会の権威として、規範として機能していることです。

教会には常に様々な問題があります。問題のない教会はありません。コリント教会の問題は非常に深刻でした。しかしパウロは、コリント教会のことを常に「神の教会」と呼び続けました。それは、彼らが教会の中心的な教え、使徒的な教えをなお守り続けていたからです。

そしてそれがあるならば、教会は改革が可能です。教会にとって権威となる教えと規範があるならば、たとえ多くの問題があっても、そこを起点として、そこから回復していくことができます。それゆえパウロは、その姿勢を保っていたコリントの信徒たちへの称賛から語り始めているのです。

かぶり物についてのパウロの命令

この女性のかぶり物についてのパウロの命令は明らかです。それは、男性はかぶり物を着けてはいけない、しかし女性は着けるべきであるという命令です。そしてそれについての理由が述べられているわけですが、これは私たち現代人の感覚からすると、非常に女性差別的な感じを受けると思います。しかしそうなのでしょうか。パウロは女性差別主義者なのでしょうか。

最初に確認しておきたいのは、この問題は何より礼拝において「祈りや預言をするとき」にヴェールを着けるかどうかの問題でした。預言するというのは、礼拝において神の名によって語ることです。

パウロは五節にあるように、女性が礼拝において祈ったり、預言したりすること、つまり神の名によって語ることを認めています。四節の男性の場合と同じように認めています。そのこと自体を、パウロは批判しているのではありません。

問題にしているのは、それをするときの女性たちの振舞い、ヴェールのことでした。パウロの理屈でいえば、女性は頭を覆ってさえいれば、公的礼拝で祈ることも預言することも許されるのです。頭さえ覆っていれば、教会で男も女も同等の活躍をすることができたのです。

では、なぜパウロは、女性がヴェールを着けることにそれほどこだわるのでしょうか。そのことについて、三つの理由をあげています。第一の理由が三節です。

「しかし、あなたがたに次のことを知ってほしいのです。すべての男のかしらはキリストであり、女のかしらは男であり、キリストのかしらは神です。」

女のかしらは男、男のかしらはキリスト、キリストのかしらは神だ、とパウロは言います。この「かしら」と訳されていることばはケファレーという語ですが、この意味をめぐって議論があります。それは、このケファレーということばの意味が、「権威、支配」という意味なのか、それとも「起源、みなもと」という意味なのかという議論です。どうしてこれが大きな議論になっているかといえば、いわゆる女性役員問題と絡んでいるからです。つまり、このことばが「権威、支配」の意味であれば、「女のかしらは男」は、男性は女性の上に立つ、男性は女性を支配する、という意味になり、これが「起源」という意味であれば、男性が女性の存在の源である、という意味になるからです。

しかし、どちらに取ったとしても、パウロがここで、男性の女性に対する「ある優位性」を主張していることは確かでしょう。しかしこの文章は、ある状況と文脈の中で言われているにすぎませんから、これをいたずらに拡大解釈して、女性役員問題に結びつけるのは適切だと思えません。

パウロが、女性がヴェールを着けることを命じている第二の理由は、四節から六節です。「男はだれでも祈りや預言をするとき、頭をおおっていたら、自分の頭を辱めることになります。しかし、女はだれでも祈りや預言をするとき、頭にかぶり物を着けていなかったら、自分の頭を辱めることになります。それは頭を剃っているのと全く同じことなのです。女は、かぶり物を着けないのなら、髪も切ってしまいなさい。髪を切り、頭を剃ることが女として恥ずかしいことなら、かぶり物を着けなさい。」

ここでパウロは、恥のことに触れています。女性が髪の毛を切ったり、剃り落としたりすることは恥ずかしいこと、また不名誉なことでした。パウロはそれを取り上げて、ヴェールをかぶらないことはそれに匹敵すると言います。当時のギリシアでは、おそらくヴェールをかぶることは一般的ではありませんでした。しかし、公共の場で髪をとくことは、恥とされていました。それは娼婦を連想させたからです。また当時の異教の預言者は、恍惚状態になると、髪を振り乱して預言しました。

パウロはキリスト教の礼拝が、こうした不道徳や異教儀式とはっきりと区別されることを願いました。不道徳や異教儀式を連想させる要素を持ち込むべきではないと考えました。礼拝の中で女性が髪を出していることは、そうした連想を招くものでした。誤解を持ち込む危険がありました。それこそパウロにとって、まさに恥ずべきことであったのです。

パウロはここで恥と名誉の議論を展開しています。つまり、ある女性たちの行動は教会共同体に恥をもたらす危険性があったのです。それが、パウロが女性たちにヴェールを命じた第二の理由だと言えます。

第三の理由は七節から九節です。

「男は神のかたちであり、神の栄光の現れなので、頭にかぶり物を着けるべきではありません。一方、女は男の栄光の現れです。男が女から出たのではなく、女が男から出たからです。また、男が女のために造られたのではなく、女が男のために造られたからです。」

パウロは七節で「男は神のかたちであり、神の栄光の現れなので、頭にかぶり物を着けるべきではありません」と言っています。男性が頭にかぶり物を着けてはならない理由は、男性が「神のかたちであり、神の栄光の現れ」であるからです。男性は神の栄光を輝かせるべきであって、それが神の御前で曇らされてはならない。だからかぶり物をしてはならない、とパウロは言います。

一方の女性は「男の栄光の現れ」と言われています。女性は男性にとってそのようなかけがえのない立場にあるのですが、その女性によって映される「男の栄光」は神を礼拝する場では覆われるべきなのです。なぜならば、礼拝においては神のみに栄光が帰されるべきであり、自分の夫などの「男の栄光」は覆い隠されるべきだからです。

この七節の内容を、八節、九節でさらに補足しています。パウロはここで創世記二章から語っているのは明らかです。八節に「男が女から出たのではなく、女が男から出たからです」とありますが、確かに最初にアダムが造られ、そしてそのアダムの脇腹から取られたあばら骨により最初の女性であるエバが造られました。

また九節には「男が女のために造られたのではなく、女が男のために造られたからです」とありますが、創世記は最初にアダムが造られ、そして彼のための「ふさわしい助け手」としてエバが造られたと記しています。

そのように、男と女の間には、神の創造に基づく「区別と秩序」があります。その男と女の創造に基づく区別と秩序を象徴的に示すのが女性のヴェールでした。それゆえパウロによれば、これをかぶらないことは、創造における性の区別と秩序を攻撃することにほかならなかったのです。パウロは創造の秩序として、男と女の関係をとらえ、それを当時の文化の中で象徴的に表しているものであるヴェールの着用を女性に命じたのです。

創造の秩序としての「男と女」

以上三つの理由から、パウロはコリント教会の一部の女性たちが、ヴェールを着けることを不要として、それを外し始めたことを批判しました。パウロはとりわけ創世記に基づく創造の秩序に、女性がそれを着用する根拠を求めました。

これらのみことばは、それだけを切り離して読みますと、露骨な男女不平等論に読めます。「女のかしらは男」とか、「女は男のために造られた」などの記述は、差別的なことばに聞こえます。しかしパウロは一一節、一二節ではこう言うのです。

「とはいえ、主にあっては、女が男なしにあるものではなく、男も女なしにあるものではありません。女が男から出たのと同様に、男も女によって生まれるのだからです。しかし、すべては神から出ています。」

ここでは男と女が全く平等に記されているのが分かります。またパウロはガラテヤ人への手紙の中では、イエス・キリストにあっては「男と女もありません」と述べています(三・二八)。

これらから明らかなことは、男と女は根本的に平等な存在であるということです。人格的に上下はありません。平等な存在です。しかし一方で、男と女には、創造に基づく区別、秩序があるということです。それは決して上下関係、従属関係ではありません。歴史的には、男性がこれを上下関係と理解して、女性を支配してきた面がありますが、それは正しい理解とはいえません。聖書が教える男と女の関係は、上下関係ではなく、区別であり違いの秩序です。

その神の創造の秩序の破壊に対する警告が、ここにあると言えます。男と女は異なった存在として共存し、連帯して生きるのです。決して男が優位で、女を支配してよいということではありません。いずれも主の僕《しもべ》です。主の僕として、互いの違いを認め合って、連帯して主と教会に仕えることが大切です。

もちろん人間は、性の違いだけでなく、個人の違いもまた大きいでしょう。今日の箇所に出てきたような、礼拝で公に祈ったり預言したりするのは、すべての人にできることではなく、男であれ女であれ、特定の召しと賜物が与えられた人だけにできることです。そのことに限らず、一人ひとり異なった賜物が与えられています。一人ひとりは異なっており、個性があります。それは賜物の違いとして尊重されるべきです。しかし同時にパウロが言うのは、創造に基づく男と女の秩序の大切さなのです。個人の違い、個性の違いが、性の違いを帳消しにするのではありません。

むしろ、男と女という創造の秩序の中でこそ、個人の違い、賜物の違いはより豊かに実を結んでいきます。神にある秩序の中でこそ、一人ひとりの個性と賜物は生かされるようになるのです。

コリント教会において、女性がヴェールを拒否することは、このような神にある秩序を否定することでした。それゆえパウロはこれに反対しました。

一〇節のみことばが、これまでの議論の結論と言えます。

「それゆえ、女は御使いたちのため、頭に権威のしるしをかぶるべきです。」

「頭に権威のしるし」とありますが、ヴェールは権威全般に対する服従を表していました。また御使いたちは、神の定めた秩序を監視する者として、礼拝に臨席していると理解されていました。その天使の前に、服従のしるしであるヴェールをかぶるようにと、パウロは結論的に述べています。

コリント教会の一部の女性信者は、キリスト者の自由を強調し、性の区別は乗り越えられたとして、女性の象徴としてのヴェールを否定しました。しかしパウロは、そこに神の創造の秩序への反逆を見て取りました。

またパウロは、個々人が礼拝の中で、自分の納得や気に入ることだけを追求してはいけないことを思い起こさせています。礼拝は、神の創造の秩序を監視し、その破壊を喜ばない天使のまなざしの前に立っているのです。

それゆえ、自己満足を優先するような礼拝のあり方ではいけません。主なる神への熱心は、秩序破壊的な熱狂において現されるべきものではありません。むしろ私たちは、みことばに基づいて、神から与えられている秩序を受け入れて、主を礼拝し、主に仕えるべきなのです。

47　神の教会の判断

〈Ⅰコリント一一・一一～一六〉

「とはいえ、主にあっては、女は男なしにあるものではなく、男も女なしにあるものではありません。女が男から出たのと同様に、男も女によって生まれるのだからです。しかし、すべては神から出ています。あなたがたは自分自身で判断しなさい。女が何もかぶらないで神に祈るのは、ふさわしいことでしょうか。自然そのものが、あなたがたにこう教えていないでしょうか。男が長い髪をしていたら、それは彼にとって恥ずかしいことであり、女が長い髪をしていたら、それは彼女にとっては栄誉なのです。なぜなら、髪はかぶり物として女に与えられているからです。たとえ、だれかがこのことに異議を唱えたくても、そのような習慣は私たちにはなく、神の諸教会にもありません。」

女は男から出、男は女によって生まれる

この手紙の一一章から一四章は、教会の公的礼拝における諸問題を扱っています。教会の問題はやはり礼拝において顕在化します。コリント教会においてもそうでした。そしてパウロが第一に取り上げたのが、公的礼拝の中で女性がかぶり物をするべきであるか否かという問題でした。

パウロはここで創世記のみことばを取り上げ、男と女の区別と、そこにある秩序というものを明らかにしました。男と女の間には、神の創造に基づく「区別と秩序」があるのであり、その「区別と秩序」を当時の文化の中で象徴していたのが女性のかぶり物でした。パウロはそれゆえ、礼拝において女性にかぶり物の着用を命じました。なぜなら、それを取り去ることは、その文化的状況においては、創造の秩序である「性の区別と秩序」を破壊することを意味していたからです。

そしてパウロは一〇節で結論として、「それゆえ、女は御使いたちのため、頭に権威のしるしをかぶるべきです」と述べました。しかしパウロはさらに議論を続けます。それは、事柄全体を、さらにバランスよく、くまなく提示しようとしているからです。

確かに一〇節までの議論では、男性の優位さが強調されていました。「女のかしらは男」とか「女は男の栄光の現れ」とか「女が男のために造られた」などを読めば、典型的な男女不平等論に読めます。そして歴史の中では実際にそのように機能してきたと言えます。けれどもパウロは、そこで議論を終えたのではありません。一一節、一二節でこう述べています。

「とはいえ、主にあっては、女は男なしにあるものではなく、男も女なしにあるものではありません。女が男から出たのと同様に、男も女によって生まれるのだからです。しかし、すべては神から出ています。」

「主にあっては、女は男なしにあるものではなく、男も女なしにあるものではありません」とパウロは言います。この「主にあっては」というのは、「キリストの支配においては」「主の救いにおいては」「キリストのからだにおいては」などの意味に解することができます。

主に救われた者としては、そしてキリストのからだの部分とされた者としては、男と女の間には区別はあっても上下はないのです。両者は同じ方を主とし、同じ主によって交わりと助け合いの中に生きるのです。

パウロはガラテヤ人への手紙三章でこう述べています。

「キリストにつくバプテスマを受けたあなたがたはみな、キリストを着たのです。ユダヤ人もギリシア人もなく、奴隷も自由人もなく、男と女もありません。あなたがたはみな、キリスト・イエスにあって一つだからです」(二七〜二八節)。

キリストに結ばれた者は、キリストにおいて一つであって、もはや男も女もありません。神は確かに男と女を異なるものとして創造されました。しかしキリストの救いということからいえば区別はなく、両者は平等です。

確かに特に八節、九節で、パウロは男性の女性に対する優位性を語りました。しかしこれは事柄の一面にすぎません。パウロは一一節で「女は男なしにあるものではなく、男も女なしにあるものではありません」と述べました。「男なしに女はなく、女なしに男はない」ということは、お互いに相手を必要としており、相手なしには生きられないということです。言うまでもありませんが、これは夫婦関係のことだけを言っているのではありません。夫婦も含めた男と女の関係全般のことです。

この節でパウロが教えているのは、男と女の相互依存性と相互必要性だと言ってよいでしょう。互いに相手に依存し、相手を必要としているのですから、両者が平等であるのは言うまでもありません。

主にあっては、男と女は互いの存在なしには存在し得ないのですから、男は創造の秩序における優位性を過度に強調することは許されません。男と女には、根本的な対等性があるのです。

続く一二節は、このことをさらに説明しています。

「女が男から出たのと同様に、男も女によって生まれるのだからです。しかし、すべては神から出ています。」

「女が男から出た」というのは、八節でも取り上げられた女性の創造の出来事を指しています。しかし続いてパウロは「男も女によって生まれる」と言います。ここは「出た」

「生まれる」と動詞のように訳していますが、実際はここに動詞はなく、二つの異なった前置詞があるだけです。つまり前置詞の違いによって、「女が男から出た」ことと「男が女から生まれる」ことを並べつつ、しかし次元の違う議論を展開しているのです。

すなわち、確かに「女が男から出た」という創造の秩序があります。しかし、男は女なしに存在できるのではありません。「男は女によって生まれる」という部分は、「男は女のためにある」と訳すことも可能です。創造の秩序と同時に、相互依存関係がここでも明らかにされています。

そしてパウロは「すべては神から出ています」と述べました。すべてのものは神から出ているのであって、神の視点に立つならば、男と女は存在の価値において平等なのです。

神なしには、男も女もありません。男が男であること、女が女であること、その関係と秩序、それはすべて神によるものです。他の何者にもよりません。

それゆえ、神がなければ、また神を信じる信仰がなければ、こうした男と女の関係や秩序は何ら土台をもちません。いや、男と女のことだけでなく、私たちの存在そのものも神から出ているのでなければ、何の確かさもありません。

私たちの存在の理由も、そして生きることの意味も、過去の意味も将来のことも、すべてが神から出ているのでなければ、神がおられるのでなければ、何の確かさもありません。しかし「すべては神から出て」いるのです。そして神に結びついているがゆえに、存在の理由も、生きる意味も、そして男であり女であることにも意味があり、確かさがあるのです。

それゆえ男と女は切り離されず、神にあって一つです。ある神学者はこう言っています。「主にあって男女は固い交わりによって結ばれており、どちらの性もその幸いと賜物を他の性から切り離されてではなく、他の性と一つになって受け取るのである。」

私たちはそれぞれに性があり、賜物が与えられていますが、それが本当に実を結び、また意味をもつのは、他の性との交わりと協力の中においてです。男と女は切り離されずに、同じ主の召しに応えていくなかで、それぞれの賜物を用いて、主の栄光を現していくことができるのです。

キリスト者の良識的判断

一三節から再びかぶり物の問題が正面から論じられます。パウロはこう言います。

「あなたがたは自分自身で判断しなさい。女が何もかぶらないで神に祈るのは、ふさわしいことでしょうか。」

パウロはここでコリントの信徒たちが、自分自身で判断するように訴えています。「自分自身で」というところに強調があります。何がふさわしいかは、彼ら自身で見出せるはずだと言うのです。

　もしこのかぶり物の問題が、真理に関わる本質的な問題であったならば、おそらくパウロはこういう言い方はしなかったでしょう。福音の中心的真理に関わる問題であれば、「自分で判断しなさい」とは言わず、使徒としての権威をもって教え、命じたでしょう。真理問題であれば、パウロは決して曖昧なことは言いませんし、その点で妥協しませんでした。

　けれども、ここでは「自分自身で判断しなさい」とパウロは言います。それは教会にとって絶対的な真理問題ではないからです。教会が立つか倒れるかの問題であるなら、こんな言い方はできません。パウロは明快に真理を語り、そこに立つように求めるでしょう。しかしここでは、彼らに自分でよく考えて判断するように求めています。

　かぶり物の問題は、いわば礼拝における行儀作法や服装の問題です。それはもちろん、どうでも良い小さな問題ではありません。しかし、これはあらゆる時代や場所でも変えてはならない、絶対的で普遍的な真理問題ではありません。

　礼拝においても、また私たちの具体的な信仰生活においても、みことばによってはっきり規定されている、絶対的に変えてはいけないこと以外の、具体的な問題がたくさんあります。たとえば同じ改革派長老派の伝統にある教会の中でも、時代や国によって違いがあります。アメリカの流れを汲《く》む私たちの教会の場合、通常、讃美をするときには起立し、お祈りするときには座っています。しかし、スコットランドなどでは伝統的に、讃美は座ってし、お祈りのときに起立するのです。

礼拝における具体的な問題はたくさんあります。そしてそのようないわば本質的でない事柄については、みことばの一般原則に従いつつも、その時代、その文化の中でのキリスト者の理性的判断、良識に委ねられているのです。

パウロはそういう判断力を働かせるようにと言います。キリスト者としての思慮分別をもちなさい、と言うのです。パウロはここで「ふさわしいかどうか」を判断するようにと言いました。「ふさわしいかどうか」というのは、合致しているか、フィットしているか、ということです。感覚的な意味も含まれています。その状況や環境に適しているかどうかということです。

置かれている時代的文化的状況の中で、そのことは本当に礼拝にふさわしいのか、場違いな印象を与えていないのか。その態度、身だしなみはどうか。それを自身のキリスト者としての理性を用いて判断せよ、また判断できるはずだ、とパウロは言うのです。

自然の感情や習慣からの判断

パウロは一四節、一五節でこう続けています。

「男が長い髪をしていたら、それは彼にとって恥ずかしいことであり、女が長い髪をしていたら、それは彼女にとっては栄誉なのです。なぜなら、髪はかぶり物として女に与えられているからです。」

パウロはここで「自然」が教えていることから判断するように言っています。当時一般的に、男性は短髪であり、女性は長い髪形にしていました。それゆえ、当時の自然の感情からすれば、男性が長い髪をしていればそれは恥であり、逆に女性の長い髪は誉れだと感じました。また、長い髪が女の栄誉になってしまうので、かぶり物をつけるべきだとパウロは言います。それが、自然が教えていることだと言うのです。

判断においては、自然の感情も大切だとパウロは考えました。それを無視することは、教会の判断としてふさわしくないのです。

そしてもう一つ、パウロが大切にしたのは、習慣・風習です。一六節でこう言っています。

「たとえ、だれかがこのことに異議を唱えたくても、そのような習慣は私たちにはなく、神の諸教会にもありません。」

「そのような習慣」とは、女性がかぶり物をしないで礼拝で祈ったり預言したりする習慣のことです。パウロは最後に、習慣や風習に訴えました。

諸教会にそのような習慣はありませんでした。当時の教会は、ユダヤ人の風習を受け継いで、女性は基本的にかぶり物をつけていました。それが当時の教会の礼拝における秩序であり、そういう風習が形成されていたのです。

そこでパウロは、コリント教会もその風習に従うべきだと言います。諸教会全体に共通している風習をいたずらに変えるべきではないと語ります。

また、コリントの社会という文脈の中でも、礼拝で女性がかぶり物をすることには、積極的な意味がありました。それは、異教礼拝との違いを明確にすることであり、また女性が公の場で髪を覆うことは道徳的な聖さを示すことでもあったからです。

確かに教会はこの世にあってこの世のものではありません。ですから、自然の感情や習慣・風習に縛られて、それに絶対的に規定されることはありません。教会は新しくされた人の群れですから、この世に縛られることはありません。

しかし、ならばこの世の風習などはすべて捨てて、気にする必要がないかといえば、そうではありません。確かに教会はこの世を超えていますが、しかし同時に「世にある教会」です。そして世に生きる教会として、世にあってふさわしい証しを立て、世にある群れとしての責任を果たす必要があります。それゆえ、具体的な問題の中で、バランスよくそのことを判断できる、思慮分別と知恵が求められているのです。

コリント教会には、そのバランスを崩して、キリスト者の自由を過度に強調し、熱狂主義的になって、かぶり物を外すべきだと主張していた人たちがいました。パウロはそうした人たちと熱く論じようとはしません。むしろ、自然の感情や習慣という常識を持ち出しています。そして常識の視点から、コリント教会の問題を指摘しているのです。

聖書に立つ健全な教会を目指して

教会のあらゆる判断の土台が神のみことばであることは確かです。またみことばから自然に導き出される一般原則にも従う必要があります。

しかし、現実の具体的問題のすべてについて、直接みことばからの指示が得られるわけではありません。様々な文化や風習の中で、みことばの一般原則に従いつつ、キリスト教的思慮を働かせて判断していかなくてはならないことがあります。その置かれている文化・風習の中で、ふさわしい行動を取る必要があります。

その原則をコリント教会に当てはめたとき、パウロは、女性は礼拝でかぶり物をかぶるべきだと言いました。ですから、全く異なる風習をもつ現代の日本の教会に、これがそのまま当てはまるわけではありません。その時代や風習を無視して、ただ書いてあるとおりにするのが、聖書的であるとは必ずしも言えません。キリスト教的思慮分別が私たちには求められています。

ことばを換えて言えば、これは熱狂主義に対する反対です。教会に普及している文化・

風習を破ってなされる原理主義的自己主張への反対です。健全な信仰は、いたずらな熱狂とは無関係なものです。

この一一章二節から一六節では、「男と女」のことが取り上げられていました。パウロが語った第一のことは、教会において、創造された男と女の区別は尊重されるべきであるということでした。女性であれ、男性であれ、その性別を排除し、その排除を象徴するような行動は、聖書では支持されません。キリストにある新しさとは、決して性差を失わせることではありません。そしてこのことと、性的少数者に対する配慮を混同しないことが大切です。性的少数者に寄り添い、配慮することは教会の大切な務めです。性的マイノリティの方々が苦しまないように配慮することは大切です。しかしそのことのゆえに、聖書が教える「男と女」についての教えを曖昧にしてはなりません。この分野では、聖書的な知恵と愛が求められています。

聖書においては、キリストにある霊的成熟には、成熟した女性になる、あるいは成熟した男性になるという一面があります。そしてその性の区別は、その文化・風習の中で、ある外的な表現を取ります。健全な共同体は、性別のない中性の人々を生み出すのではなく、成熟した男と女を生み出すのです。

第二に、男と女は人格的に平等であること、また機能的にも平等であることです。五節にあったように、パウロは女性が公に祈ったり預言したりするのを禁じていません。しかしかぶり物をつけることは求めています。これは女性の祈りや預言という奉仕が、まさに威厳をもって混乱なしになされるために必要でした。人々の文化的な感覚から、また自然の感情から、混乱が生じることを避ける必要があったのです。

神から召され、賜物が与えられた者がこうした働きをすることは当然のことですが、パウロはそれが教会において混乱なく、誤解されることなく、威厳をもってなされ、受け入れられることを求めています。

パウロはコリント教会に対して、確かに旧来の風習を守るようにと、保守的に語りました。しかし一方で、女性が公に祈ったり、神のことばを語ったりするという新しさを認めています。男と女の区別がなくなるわけではありません。しかし主の召しに、一人ひとりが自由に応えていくことを認めているのは確かなことです。

召してくださった方はおひとりです。男であれ女であれ、召しに応えて生きることが大事です。それは決して性の区別をなくすことではありません。むしろ、主の召しに応えるときこそ、主の創造に基づく性の違いが意味をもち、調和と豊かさをもたらすのです。

そしてそれが教会の豊かさとなります。人々の自然の感情から見て、教会は豊かなところだ、健全なところだと感じてもらえることは大切なことです。私たちは、神の秩序の中でその豊かさを証しするのです。そして、この世にあって「神の国」を指し示すものとなるのです。

48　主の晩餐についての指示

〈Ⅰコリント一一・一七～二二〉

「ところで、次のことを命じるにあたって、私はあなたがたをほめるわけにはいきません。あなたがたの集まりが益にならず、かえって害になっているからです。まず第一に、あなたがたが教会に集まる際、あなたがたの間に分裂があると聞いています。ある程度は、そういうこともあろうかと思います。実際、あなたがたの間で本当の信者が明らかにされるためには、分派が生じるのもやむを得ません。しかし、そういうわけで、あなたがたが一緒に集まっても、主の晩餐を食べることにはなりません。というのも、食事のとき、それぞれが我先にと自分の食事をするので、空腹な者もいれば、酔っている者もいるという始末だからです。あなたがたには、食べたり飲んだりする家がないのですか。それとも、神の教会を軽んじて、貧しい人たちに恥ずかしい思いをさせたいのですか。私はあなたがたにどう言うべきでしょうか。ほめるべきでしょうか。このことでは、ほめるわけにはいきません。」

教会に集まることが益にならない現実

一一章一七節から三四節では、コリント教会における公的礼拝の第二の問題である、主の晩餐の問題が取り上げられています。一七節にはこうあります。

「ところで、次のことを命じるにあたって、私はあなたがたをほめるわけにはいきません。あなたがたの集まりが益にならず、かえって害になっているからです。」

この問題に入るにあたって、まずパウロは「次のことを命じるにあたって、私はあなたがたをほめるわけにはいきません」と述べています。「命じる」と訳されている語は、軍隊の司令官の命令の際に用いられることばで、非常に強いことばです。この問題については、厳しい命令を与えるというパウロの思いが表れています。

第一の問題である「かぶり物の問題」の際には、このような厳しさはありませんでした。パウロは確かに女性がかぶり物をかぶるべきだと述べましたが、たとえば一三節では「自分自身で判断しなさい」と、自ら考えて決断することを求めました。しかし第二の問題である「主の晩餐」については、パウロはいわば軍隊の司令官のように、上から厳しく命じようとします。

また、かぶり物の問題を語り始める一一章二節でパウロは、「さて、私はあなたがたをほめたいと思います」と誉めことばから始めました。しかしそれとは対照的に、主の晩餐の語り始めである一七節では、「私はあなたがたをほめるわけにはいきません」と述べています。

ソフトに語りかけた「かぶり物」の問題とは違い、「主の晩餐」の問題については、パウロの厳しさが際立っています。それは「主の晩餐の問題」がより深刻で、かつそれが教会の中心的な問題であるからでしょう。主の晩餐の問題については、ソフトムードで曖昧に語ることはできません。「自分自身で判断しなさい」と彼らの判断に任せることはできないのです。

なぜならそれはまさに、教会の中心的な事柄だからです。中心的な事柄であるだけに、パウロは最初から厳しく語りかけているのです。

「あなたがたの集まりが益にならず、かえって害になっているからです」とパウロは一七節で述べています。集まりというのは、言うまでもなく礼拝のことです。礼拝に集まることが、益にならず、かえって害になっていました。礼拝に集まることが、集う人々に祝福を与えていないという現実がありました。

聖書は、キリスト者が集まることの大切さと、その祝福を教えています。その根拠は何よりも主イエスが「二人か三人がわたしの名において集まっているところには、わたしもその中にいるのです」（マタイ一八・二〇）と約束されたことです。ですから礼拝は一人ですれば良いというわけにはいきません。集まって、共に礼拝するとき、主イエスが豊かにご臨在くださり、祝福してくださる。ですからキリスト者にとって集まること、共に礼拝することは本質的に重要です。それゆえ、ヘブル人への手紙もこう述べています。

「ある人たちの習慣に倣って自分たちの集まりをやめたりせず、むしろ励まし合いましょう。その日が近づいていることが分かっているのですから、ますます励もうではありませんか」（一〇・二五）。

集会に集まることを怠らず、励まし合って共に集うことを命じています。そのことが信仰生活にとって本質的に重要であるからです。

しかしコリント教会では、集まりが益にならず、むしろ害になっていました。これはまさに教会が病んでいる証拠です。信仰生活の中心に、集まること、共に礼拝することがあります。教会に集まらない信仰生活は、決して健全な信仰ではありません。

聖書によれば、共に集まることは本当に大切です。それだけに、集まることが益にならないことほど悲しく、つらいことはありません。集まることが害になるなど、耐え難いことです。

教会の健康度は、集まることが益になっているか否かで測られると言ってよいでしょう。礼拝に集まって元気は与えられないが、それでも健康な教会というのはあり得ません。健康な教会とは、集まることによって益を与えられ、元気を与えられ、力を与えられる教会です。礼拝がそのようなものとなっているとき、教会は健やかなのであり、そうでないならば、ほかにどんなに良い点があったとしても、健康とは言えません。

その意味で、コリント教会はまさに病んでいました。集まりが益にならないのです。むしろ悪い結果を招いていました。害を招いていたのです。

本当の信者が明らかにされるために

では、その原因は何だったのでしょうか。一八節でパウロはこう言っています。

「まず第一に、あなたがたが教会に集まる際、あなたがたの間に分裂があると聞いています。ある程度は、そういうこともあろうかと思います。」

具体的な問題は、お互いの間に分裂があることでした。すでに一章において、コリント教会にあった分派のことが取り上げられましたが、ここで言われている「分裂」はそれと必ずしも同じではありません。

一章で取り上げられた分派は「私はパウロにつく」「私はアポロに」「私はケファに」「私はキリストに」などと言い合っているものでした。つまり、教師の名前を挙げて分派を作っていたのです。ところがここでの分裂は、必ずしもそういう分派のことではありません。

「あなたがたが教会に集まる際」とあるように、ここで問題となっていたのは、特に礼拝における問題です。つまり、単に教会の中に仲間割れ、分派があったということではなく、それが教会の集まりにおいて、実際上の混乱を引き起こしていたということです。たとえ仲間割れや分派があっても、教会の礼拝においては、おとなしくしていて、それが見えないということはあり得ます。たとえ分裂や仲間割れがあったとしても、神の前には一つとなって礼拝ができるというのは、むしろ望ましいことでしょう。けれどもコリント教会は、そうではありませんでした。その仲間割れ、分争が表面化して、教会の集会、礼拝において混乱が生じていたのです。

パウロはその仲間割れによる混乱を実際に見たわけではなく、伝え聞いただけでした。しかし彼は、事柄の重要性のゆえに、ここで積極的に指示を出しています。具体的な問題を取り上げる前に、パウロは一九節で次のように述べています。

「実際、あなたがたの間で本当の信者が明らかにされるためには、分派が生じるのもやむを得ません。」

パウロは、教会における分派の問題を取り扱うのですが、仲間争い、分派争いがすべて誤りだと考えているわけではありません。分派が生じれば、その両者の議論を通じて、やがて本物の信者が明らかになることがあることを、ここで認めています。

仲間争いや分派には、ときには意味があるのです。もし分派や仲間争い自体が常に悪だとしたら、一人ひとりがもはや主体的に物事を考えることをしなくなるでしょう。教会が教えていることを、自分で考えることもなく、ただ鵜呑みにして従うことが正しいわけでありません。

一人ひとりが聖書を読んで考えることが大切です。より聖書的な生き方とは何か、より聖書的な教会とは何かを考えることが大切です。そして考えて議論して、意見が一致する仲間ができたり、対立する相手ができたりする。それは自然なことです。そういうことを頭ごなしに悪だとパウロは決して言いません。

もしそれが悪ならば、宗教改革は起こらなかったでしょう。いや、宗教改革それ自体が誤りだということになります。また、それ自体が悪ならば、教会の改革というものは起こりません。

主体的に真剣に、神に従うことを考え、教会を建て上げることを考えるならば、意見の対立や仲間争いも、ときには避けられないと言ってよいのです。

パウロはガラテヤ人への手紙五章では、分派を「肉のわざ」として数え上げています。確かに肉の業としての分派もあるでしょう。自分の肉の思いを実現するための分派があります。それは神に裁かれます。

しかし、何が真に聖書的なことであるかが、分派争いを通して明らかにされるということもあり得ます。宗教改革がそうであったように、何が聖書的で、だれが真正な神の民であるかをはっきりさせるために、分派や分裂が避けられないこともあり得るのです。

「あなたがたの間で本当の信者が明らかにされるために」とパウロは言います。本当の信者とは、「神によって検証されて結果として本物であることが証明された者」のことです。信仰が試されて、そして本物の信仰者として認められた者のことです。

真の信仰が明らかになるために、そのような信仰の試練や、信仰の戦いが避けられない場合があります。それが分派争いになってしまうことも、ときにはあるでしょう。もちろん、分派争いそのものは不幸なことです。しかしそれがないことが、いつも正しいとは限りません。もちろん人間的な、つまらない「いがみ合い」などは、ないほうが良いに決まっています。

けれども、真の信仰が明らかにされるための「信仰の戦い」が避けられない場合はあるのです。戦いを経なければ適格者になれない面がある。また戦いを経なければ、教会が本当の信仰に立てない場合もあるのです。

コリント教会での仲間争いは、そうした積極的意味をもつものではなかったのですが、パウロはまず、仲間争いにはそうした面もあることを明らかにしたうえで、具体的な指示を述べていきます。

富める者と貧しい者の分裂

集まりが益ではなく害になっていることが顕在化していたのが、コリント教会における主の晩餐でした。二〇節でパウロは「そういうわけで、あなたがたが一緒に集まっても、主の晩餐を食べることにはなりません」と述べています。主の晩餐が、主の晩餐になっていないのです。ふさわしくないものになっていました。

主の晩餐は、主がご臨在し、主が食卓の主人である晩餐です。主が臨在され、主が食卓の主人であられるがゆえに、それにふさわしく守られる必要があります。

つまりそれは、単に昔の主イエスのことを思い起こすということではありません。主の晩餐は、その名のごとく、主イエス・キリストがその中心に臨在され、主が私たちにふるまい、養ってくださるものです。ですから、それにふさわしく守られ、またふさわしくあずかる必要があります。主の晩餐をふさわしく祝うことができない教会は病んでいると言えます。それは現代の教会で起こっている大きな問題の一つです。

さて、ではコリント教会の主の晩餐はどのような点で、ふさわしくないものになっていたのでしょうか。当時はまだ教会堂というものはありませんでした。比較的大きな信仰者の家が、集会用に提供されていました。その集会の中心に「主の晩餐」がありました。

そして、今日私たちが守っている聖餐式と違うのは、当時は、聖餐にあずかるのに先立って、実際の食事が行われていたことです。各自が食べたり飲んだりするものを持参して、愛餐会がもたれ、そして主の晩餐がもたれたのです。コリント教会では実際の食事と主の晩餐が結びついていました。

これは主の晩餐が愛餐であったという意味ではありません。二三節以下に記されているように、主の晩餐には固有の意味があり、教会にとっての中心的意味がありました。しかし主の晩餐は、今日のように必ずしも主の日の朝の礼拝の一部として行われるのではなく、実際の食事を伴うものとして行われました。それゆえ、主の日ではなく週日の夕に行われることもあったようです。

このような形で守られていた主の晩餐において、大きな問題が起こっていました。どのような問題なのでしょうか。二一節にこうあります。

「というのも、食事のとき、それぞれが我先にと自分の食事をするので、空腹な者もいれば、酔っている者もいるという始末だからです。」

主の晩餐と愛餐会を結びつけていたのは、福音書に記されている、復活の主が弟子たちとともに食事をしてくださったその恵みと喜びを、最初の教会が受け継いだということです。それゆえ、愛餐では富んでいる者はたくさんの食べ物を持参し、貧しい者は何も持たずに来て、それを共に分かち合って、全体が主にあって喜び合う時となっていました。

ところが、コリント教会ではそれが崩れていたのです。パウロが問題としているのは、このような食事を伴う「主の晩餐」において、あるべき秩序が失われていたことです。二一節にあるように「それぞれが我先にと自分の食事をするので、空腹な者もいれば、酔っている者もいる」という事態が起こっていました。つまり、富める者、持てる者たちが身勝手な振舞いをしていたのです。

富める者たちは、長時間働く必要がありませんでしたから、早く教会に来て、自分たちの持ち寄った豪勢な食事を楽しむことができました。しかし、貧しい者たちや奴隷はそうではありません。彼らが長時間の労働から解放されて、やっと教会にたどり着いたときには、愛餐会はすでに終わりかかっており、もはや食べる物が残っていなかったのです。彼らは空腹と虚しさに襲われたことでしょう。富める者、持てる者の無感覚と配慮のなさが、貧しい者、持たない者たちを傷つけていました。教会においてそれが起こっていました。

そのようななかで、主の晩餐がふさわしく守られることはありません。富める者たちのしていた行為は、主にある交わりを破壊し、主の晩餐を破壊する行為でした。富める者たちは、自分たちが持参したものを、自分のものとして食べるだけで、それを貧しい人たちに分かち合おうとしませんでした。また、当時の邸宅の構造から考えれば、富める者たちだけが食堂で食事をし、それ以外の地位の低い者たちは、外の中庭に座るか立っていた可能性さえあります。

主の晩餐と結びついていた食事、愛餐において、持てる者と持たない者が明確に区別されていました。一方は満腹で酔っ払い、他方は空腹に悩まされるという状態になっていました。まさに、教会の一致と連帯が損なわれていたのです。

教会の中に、富による差別、階級的な差別が持ち込まれていました。そこではもはや、他者を顧みるという憐れみもなく、主にある一致や交わりを望むことはできませんでした。

神の教会を軽んじてはならない

こうした現状に対するパウロの厳しい叱責のことばが二二節です。

「あなたがたには、食べたり飲んだりする家がないのですか。それとも、神の教会を軽んじて、貧しい人たちに恥ずかしい思いをさせたいのですか。私はあなたがたにどう言うべきでしょうか。ほめるべきでしょうか。このことでは、ほめるわけにはいきません。」

パウロは富める者、持てる者の無配慮を厳しく叱責しました。それは「神の教会を軽んじる」ことだと言います。教会に集まる人たちの社会的立場、経済的立場はそれぞれに違います。それは今日も同じです。しかしその違いのゆえに、ある人たちが大きな顔をしたり、優遇されたり、また逆にある人たちが小さくなっていたり、恥をかかせられたりするようなことがあってはなりません。

主の晩餐は、キリスト者の愛と一致を表し、共有する時です。けれどもこれが、持てる者たちの振舞いによって、全く逆の低劣なものに成り下がっていました。パウロは富める者たちに対して「あなたがたには、食べたり飲んだりする家がないのですか」と言います。つまり、自分の欲求の満足は家庭ですべきなのです。教会で自己の欲求を追求すべきではありません。

教会と日常生活を営む家庭との間には、健全な区別が必要です。教会は聖徒の交わりの場です。日常的な欲求に応える場ではありません。その区別を忘れて、日常的な欲求を教会に持ち込むべきではありません。基本的に家で満たすべきことを教会に持ち込むべきではありません。そうでなければ、教会は、教会が本来果たすべき役割を十分に果たせなくなってしまいます。

それゆえパウロは、日常的な欲求をわがままに教会に持ち込んでいた、富める者たちを厳しく叱責しました。「ほめるわけにはいきません」と言います。それによって、教会の中心的事柄である「主の晩餐」が台無しになっていました。

確かに当時の社会的慣習からすれば、階級や地位によって食卓は区別されていました。しかし教会においてそれがなされるならば、それは教会共同体の死を意味します。たとえギリシア・ローマの文化においては普通であっても、教会でそれがなされることは言語道断です。教会では食事は公平に分配され、ふさわしく主の晩餐が祝われて、キリストにある共同体の一致が表されるべきなのです。

このようにコリント教会では、富める者たち、地位のある者たちが、貧しい教会員を見下し、辱めていました。この世の基準を、そのまま教会に導入しました。ここには、教会というものに対する根本的な無理解があると言えます。

教会は、この世の団体のように、何か会費を払って会員になるところではありません。聖書が教えるように、教会はキリストのからだです。一つからだとされている共同体です。それゆえ、相互に、キリストにあって、生きた関係をもっています。

教会に連なる者たちは、同じいのちにあずかる者同士です。同じからだの一部分としての自覚と、相互の愛が求められます。それゆえ、キリストのからだの一部とされた人を辱めることは、キリストを辱めることだと言えます。ですからパウロは、この問題では容赦しません。厳しいことばで叱責しているのです。

教会のいのちは、共に集まる礼拝にあります。そして主の晩餐にあります。私たちはどこまでも、礼拝において、また主の晩餐によって、共に生かされ、喜びを与えられる共同体を目指すのです。

49　主の晩餐の制定

〈Ⅰコリント一一・二三〜二六〉

「私は主から受けたことを、あなたがたに伝えました。すなわち、主イエスは渡される夜、パンを取り、感謝の祈りをささげた後それを裂き、こう言われました。『これはあなたがたのための、わたしのからだです。わたしを覚えて、これを行いなさい。』食事の後、同じように杯を取って言われました。『この杯は、わたしの血による新しい契約です。飲むたびに、わたしを覚えて、これを行いなさい。』ですから、あなたがたは、このパンを食べ、杯を飲むたびに、主が来られるまで主の死を告げ知らせるのです。」

最後の晩餐における主の制定

コリント教会では主の晩餐がふさわしく守られていませんでした。そこでパウロは、主の晩餐の制定にさかのぼってその根本的意味を明らかにします。根本的意味を明らかにすることによって、コリント教会の主の晩餐を正そうとするのです。二三節でパウロはこう語り始めています。

「私は主から受けたことを、あなたがたに伝えました。」

主の晩餐の制定のことは、私が主から受け、それをあなたがたに伝えたと言います。この「私は主から受けた」というのは、必ずしも主イエス・キリストから直接的な啓示を受けたということではありません。

二三節にある「受けた」「伝えた」という表現は、伝承の継承を意味するユダヤ教指導者ラビの表現ですので、正確に伝えられた伝承を受け取って、それをあなたがたに伝えたという意味に解することができます。そしてそのような正確な伝承の源が、主イエス・キリストです。

ですから「主から受けた」というのは、確かに主イエス・キリストにまでさかのぼる伝承を受けたということです。そして主ご自身が、その伝承の受け渡しを守ってくださったのです。

そのようなキリストご自身に源をもつ、主の晩餐制定の伝承を私は受けた、とパウロはまず語っています。そしてその伝承の内容が、二三節後半から二五節のみことばです。

パウロはまず「すなわち、主イエスは渡される夜、パンを取り、感謝の祈りをささげた後それを裂き」と述べます。最初に、主の晩餐が制定された時が明らかにされています。それは「渡される夜」です。捕らえられ、不法な裁判にかけられ、辱められ、十字架にかけられて殺されることになるその前の夜です。まさにこの世の悪の力が頂点に達する直前でした。

主がその夜にあえて主の晩餐を制定されたということは、それが最後の夜であることをご自身が知っておられたということです。この食事の後で、逮捕され、十字架の死への苦しみが始まることを知っておられました。知っておられたがゆえに、この最後の食事をもって、弟子たちとの地上の生涯での交わりを締めくくられたのです。主イエスは、自分の身の上に何が起こるかを知っておられました。ですから、主イエスはまさに、自ら死に赴かれたと言えます。

では、なぜ主イエスは、最後の夜に主の晩餐を制定されたのでしょうか。カルヴァンはこう述べています。

「かかる時間的な事情は、このサクラメントがいかなる目的のために設定されたかを、わたしたちに明らかにする。すなわち、それは、キリストの死の恩恵がわたしたちの中に確立されるためである。主は、もう少しはやい時期に、弟子たちにこのサクラメントを守るように、とお命じになることもできたはずであった。しかし、主は、御自身が犠牲として身をささげられる時までお待ちになった。それは、主がパンとぶどう酒によって象徴されたことが、そのすぐあとに御自身のからだによって真実に成就されるのをかれらが見るためであった」（『カルヴァン新約聖書註解Ⅷ　コリント前書』二六六頁）。

主が最後の食事、それも過越の食事において主の晩餐を制定されたのは、何よりその意味を明確に伝えるためでした。パンとぶどう酒が指し示す出来事、すなわちキリストの十字架がすぐに続きます。それによって、これらは切り離されず、まさに一体的に理解されることになるのです。

イエス・キリストの十字架の死を思い起こす

二三節以下にある主の晩餐の制定のみことばから、主の晩餐、聖餐式の意味について、いくつかのことを学ぶことができます。

第一に、主の晩餐には、思い起こす、想起という意味があることです。主イエスがパンを配られた際には、「わたしを覚えて、これを行いなさい」と言われ、またぶどう酒を配られた際にも、「飲むたびに、わたしを覚えて、これを行いなさい」と言われました。「わたしを覚えて」と訳されていますが、「わたしの思い出のために」とか「わたしを思い出すために」と訳すこともできます。主の晩餐の第一の目的は、主イエス・キリストを思い出すこと、想起することです。

それもキリストのからだを指し示すパンをいただき、キリストの血を指し示すぶどう酒をいただくのですから、何よりイエス・キリストの十字架の死を思い起こすためです。とりわけ、パンとぶどう酒を受け取るなかで、キリストの御苦しみが自分のためであったことを思い起こすのです。

神の民イスラエルはエジプトから救い出されましたが、その神の救いの業を思い起こすために、毎年過越の祭りを祝うように命じられました。出エジプト記一二章一四節にはこうあります。

「この日は、あなたがたにとって記念となる。あなたがたはその日を主への祭りとして祝い、代々守るべき永遠の掟として、これを祝わなければならない。」

旧約の神の民は、毎年、過越の祭りを祝うことで、神がエジプトから自分たちを解放してくださった救いの御業を思い起こしました。同じように、新約の神の民は、主の晩餐を通して、神がイエス・キリストの十字架によって私たちを救ってくださったことを思い起こす必要があります。

聖餐式は、教会が主イエス・キリストの死を思い起こすために行うものです。このときに私たちの心はひたすらイエス・キリストに集中します。そしてキリストが私たちの罪のために十字架の上で死なれたこと、そして復活されたこと、さらには天に昇られて今も私たちのためにとりなしていてくださることに心を注ぐのです。これは主の晩餐の大切な一側面です。

カルヴァンも「聖晩餐は、弱いわたしたちの慰めとなるために定められた記念の行為」

だと言います。ですから「もしそれがなくても、わたしたちが主イエス・キリストの死を十分に思いおこすことができるのなら、それは余計なものであろう」（前掲書、二七三頁）とさえ言います。

私たちは心迷う者たちです。カルヴァンが言うように、まさに弱い者たちです。弱いということは、信仰の中心がいつの間にか曖昧になったり、ずれていくことが起こるということです。「恵みのみ」であったはずの信仰が、いつの間にか自分の力を頼りにする歩みに陥り、またそれゆえに、見えるところで人を裁く思いにとらわれてしまうこともあります。

信仰の中心にイエス・キリストの十字架がないならば、私たちの信仰は確実に歪んでいきます。イエス・キリストの十字架との関係で、自分の存在を、また自分の生き方を位置づけることができないならば、私たちは必ず主のみこころから外れていきます。そういう性質が私たちにはあるのです。罪の性質です。神のことよりも自分のことを優先し、神よりも自分を立てようとする性質です。

聖餐式は、そのような愚かで忘れやすく、迷いやすい私たちを、もう一度主の十字架のもとに立たせるものです。歪みかけていた信仰の焦点を再度合わせる時です。信仰の中心は、イエス・キリストの十字架です。それを思い起こし、しっかりとそこに信仰の焦点を合わせることが、聖餐式の第一の意味なのです。

新しい契約の儀式

しかし、聖餐式の意味はそれにとどまりません。第二に、聖餐式には贖罪的な意味があります。主はパンを取り、感謝の祈りをささげて、それを裂き、言われました。

「これはあなたがたのための、わたしのからだです。」

このことばが何を意味しているかをめぐって、宗教改革以来、教会は多くの議論をしてきました。今日はそこには立ち入りません。ただこの主イエスのことばから、はっきりしていることだけを確認しておきます。

「これはあなたがたのための、わたしのからだです」の「これ」は、裂かれたパンを指します。それが「わたしのからだです」と言っておられます。すなわち、裂かれたパンは、十字架上で裂かれる、そして裂かれたキリストのからだを示します。そしてその十字架上で裂かれたキリストのからだが「あなたがたのため」なのです。つまりここで、キリストの十字架の贖罪的意味が明らかにされています。イエス・キリストの十字架の死は、私たちのための身代わりの死です。

イエス・キリストは、私たちの身代わりとして、私たちの罪責を担って十字架にかかられました。キリストの御苦しみはすべて、本来私たちが受けなければならないものです。

キリストはこの最後の晩餐の後、逮捕され、そこから地獄のような苦しみを味わわれました。それは、私たちの罪が本来刈り取るべき苦しみです。しかしイエス・キリストが、身代わりとして、それを受けてくださいました。ご自身を私たちの身代わりとして差し出してくださったのです。

「これはあなたがたのための、わたしのからだです。」このことばは、イエス・キリストの十字架が、そのような贖罪的意味をもつことを明らかにしています。そしてその主の制定による聖餐式にあずかることは、この十字架の死の恩恵にあずかることです。この十字架による贖罪の恵みにあずかることです。

コリント教会の主の晩餐においては、富める者たちの利己主義によってこの意味が不明瞭になっていました。主の晩餐は、キリストの十字架による祝福にあずかる恵みの時です。主は私たちのために、ご自身を献げてくださったのです。

聖餐式の第三の意味は、「新しい契約」の儀式としての意味です。二五節にあるように、主イエスは杯を配る際、次のように言われました。

「この杯は、わたしの血による新しい契約です。」

契約は、聖書全体を貫いている中心思想です。旧約の神の民イスラエルは、神の恵みによって奴隷の地エジプトから救い出され、シナイ山の麓で神と契約を結びました。出エジプト記二四章にその契約締結の様子が描かれていますが、そこでは雄牛が献げられ、その血の半分が祭壇に振りかけられ、半分が民に振りかけられました。雄牛の血は契約の血であり、これによってイスラエルは契約の民、神の民となりました。

けれども神の民イスラエルは、繰り返し神との契約を破りました。しかし憐れみ豊かな神は、その民を見捨てることなく、預言者エレミヤを通して「新しい契約」の約束を示してくださいました。エレミヤ書三一章三一節から三三節にはこうあります。

「見よ、その時代が来る——主のことば——。そのとき、わたしはイスラエルの家およびユダの家と、新しい契約を結ぶ。その契約は、わたしが彼らの先祖の手を取って、エジプトの地から導き出した日に、彼らと結んだ契約のようではない。わたしは彼らの主であったのに、彼らはわたしの契約を破った——主のことば——。これらの日の後に、わたしがイスラエルの家と結ぶ契約はこうである——主のことば——。わたしは、わたしの律法を彼らのただ中に置き、彼らの心にこれを書き記す。わたしは彼らの神となり、彼らはわたしの民となる。」

新しい契約が結ばれる時が来るという約束です。古い契約は、石の板に律法が記されていましたが、新しい契約ではその心に律法が刻まれると言われます。つまり、罪の赦しに基づいて心に律法が刻まれ、聖霊が心に働かれて、神の民はそれによって生きるようになるのです。

主イエスが主の晩餐制定の席上で言われた「新しい契約」ということばは、このエレミヤの預言を受けています。主は「この杯は、わたしの血による新しい契約です」と言われました。主は十字架の上で血を流されることによって、この新しい契約を成立させられたのです。

古い契約では雄牛の血が契約の血として流されました。しかし、新しい契約では神の御子イエス・キリストの血が契約の血として流されました。契約はその血によって保証されます。

新しい契約は、主イエスの死によって確立しました。それによって、罪の赦しが現実となり、信じる者の心に聖霊が働かれて、それによって生きることができるようになりました。

新しい契約は、主イエス・キリストが一度ご自身のからだを「いけにえ」として献げられたことによって、血を流されたことによって成立しました。そして今日も、主の晩餐にあずかることによって、それは追認されます。つまり、主の民は、主の晩餐にあずかるごとに、契約の民として、神に救われている者として保証されるのです。

ですから、主の晩餐の意味を考えるとき、この「新しい契約」はキーワードであると言えます。私たちは通常「契約」ということばを聞きますと、対等な当事者間の取り決めであり、相互に義務を負うと考えます。けれども、神と私たちとの契約は、そのようなものではありません。私たちが果たすべき義務、責任は、すべて主イエス・キリストが代わりに成し遂げてくださいました。私たちが果たすべき契約の義務はすべて主イエスが成し遂げてくださいました。ですから私たちにとっては、まさに「恵みのみ」です。

けれども同時に覚えるべき大切なことは、私たちは「契約の民」であり、契約的応答が求められていることです。確かに、私たちのなす業によって、私たちはその契約義務を満たすことができるのではありません。しかしだからといって、勝手気ままに生きてよいのではありません。むしろ神の恵みに感謝して、契約的応答に生きることが求められているのです。

コリントの信徒たちは、主の晩餐を行いながら、そのような契約義務の意識をもつことがありませんでした。主の晩餐は、神の契約の民であることを確認する時です。ならば、自らが神の民としてふさわしく歩んできたかを省み、悔い改めるのは当然のことでしょう。そして、神に対する服従の思いを新たにするのです。

主イエスは、互いに愛し合うことを新しい掟として教えられました。しかし、コリントの信徒たちは、平気で貧しい人たちを差別して主の晩餐にあずかっていませんでした。主の晩餐が、主のみこころによって、自らのあり方を問い、それを正す時になっていませんでした。

主の晩餐にあずかる時は、主のみことばによって自らを省みる時です。そして、神の恵みによって契約の民とされたことを感謝しつつ、新しい服従への決心の時とする必要があるのです。

主の晩餐において再臨の主を待ち望む

一一章二六節から、聖餐式の意味について、あと二つのことを確認しておきます。二六節に、こうあります。

「ですから、あなたがたは、このパンを食べ、杯を飲むたびに、主が来られるまで主の死を告げ知らせるのです。」

第一は、聖餐式には「主の死を告げ知らせる」という告知の意味があることです。聖餐式には、キリスト教の中心的教理が含まれています。イエス・キリストは主であること、イエス・キリストは私たちの身代わりとして死なれたこと、その死によって新しい契約が結ばれ、信じる者は契約の民とされていること、等です。それゆえ聖餐式を遵守することは、この主イエスの死とその意味をはっきりと告げ知らせることです。

アウグスティヌスは、礼典は神の「見えるみことば」だと言いました。みことばの説教が私たちの耳に神の恵みの福音をもたらすように、礼典は私たちの目にそれを映し出します。そして説教を通して私たちに語りかける以上に、神は礼典を通して、私たちの感覚に訴えられるのです。このように、聖餐式には、主の死を告げ知らせるという要素があります。

第二は、聖餐式には終末論的意味があることです。パウロは二六節で「主が来られるまで」と言いました。聖餐式は、主が来られる時まで守られます。すなわち、主の再臨を待ち望むという要素がそこにはあります。

主の晩餐は、再臨の主を待ち望む祝いの時です。主が再び来られた時に救いは完成します。聖餐式はその救いの完成を待ち望むものです。

聖餐式では、十字架のキリストという過去に目を向け、復活して今も生きておられる現在のキリストを喜び、そしてやがて来て、救いを完成される未来のキリストを待ち望みます。そういう時です。過去と現在と未来のキリストがそこで結びつくのです。十字架の主は、再臨の主です。教会は、単に過去を懐かしむのではなく、過去を想起しつつ、未来への希望に生きるのです。

キリストの十字架があらゆる希望の根拠です。ですから私たちは、十字架から目を離しません。そしてキリストの十字架を見つめる者は、もはや自分にとらわれたり、この世にとらわれたりすることなく、十字架の希望に、そして将来への希望に生きることができます。そのことを豊かに現し、その恵みを私たちに保証してくれるのが、主の晩餐の礼典なのです。

50　主の晩餐にふさわしくあずかる

〈Ｉコリント一一・二七～三四〉

「したがって、もし、ふさわしくない仕方でパンを食べ、主の杯を飲む者があれば、主のからだと血に対して罪を犯すことになります。だれでも、自分自身を吟味して、そのうえでパンを食べ、杯を飲みなさい。みからだをわきまえないで食べ、また飲む者は、自分自身に対するさばきを食べ、また飲むことになるのです。あなたがたの中に弱い者や病人が多く、死んだ者たちもかなりいるのは、そのためです。しかし、もし私たちが自分をわきまえるなら、さばかれることはありません。私たちがさばかれるとすれば、それは、この世とともにさばきを下されることがないように、主によって懲らしめられる、ということなのです。ですから、兄弟たち。食事に集まるときは、互いに待ち合わせなさい。空腹な人は家で食べなさい。あなたがたが集まることによって、さばきを受けないようにするためです。このほかのことについては、私が行ったときに決めることにします。」

ふさわしくない仕方で聖餐にあずかってはならない

パウロは、主の晩餐の制定にさかのぼって、その本質を明らかにしました。そして主の晩餐がこのような意味をもつものであるから、それにふさわしくあずかるようにと二七節以下で命じます。

「したがって、もし、ふさわしくない仕方でパンを食べ、主の杯を飲む者があれば、主のからだと血に対して罪を犯すことになります」(二七節)。

「ふさわしいか」「ふさわしくないか」は、主の晩餐がどのようなものであるかによって規定されます。主の晩餐の意味が明らかになれば、おのずからそれにふさわしくあずかる仕方が導き出されてきます。

ですから、主の晩餐にふさわしくあずかるために第一に大切なことは、主の晩餐の意味を正しく知ることです。聖餐式の意味を正しく理解することなしに、聖餐式に正しくあずかることはできません。

それがだれによって、どんな意味をもつものとして制定されたかということを無視して、どうして聖餐式に正しくあずかることができるでしょうか。聖餐式の意味を理解しなければ、聖餐式にふさわしくあずかることは決してできません。

コリント教会の聖餐式の混乱の原因は、ここにありました。彼らが聖餐式が何であるかをしっかり把握していたとは思えません。十字架のキリストに心を集中する時であると分かっていれば、決して、聖餐式の直前に、わがまま勝手に食べたり飲んだりすることはできなかったでしょう。十字架の前に、自らをへりくだらせる時であることを本当に知っていたなら、決して、貧しい者や階級の低い者を差別し、見下すことはなかったでしょう。

聖餐式の意味の把握が曖昧であれば、聖餐にふさわしくあずかることはできません。主の晩餐にあずかるというのは、十字架の恵みにあずかることです。そしてそれは、聖霊によって与えられる恵みです。そして聖霊は、人間を用いて、人間を通して働かれますから、主の晩餐にあずかるには何よりも信仰が必要です。信仰がなくても、それにあずかれば自動的に恵みが与えられるというものではありません。また、信仰がなくても、主の晩餐にあずかれば、信仰が与えられるようになるというものでもありません。

ふさわしくあずかるためには、まず主の晩餐の意味を理解し、信仰をもってあずかる必要があります。それが主の晩餐のあずかり方の基本です。

そしてパウロは、主の晩餐にあずかることの重大性を「ふさわしくない仕方でパンを食べ、主の杯を飲む者があれば、主のからだと血に対して罪を犯すことになります」と表現しました。厳しい警告のことばです。主イエスの制定された聖餐式にふさわしくない仕方で関わる者は、その罪責を自らの上に負うのです。なぜなら、それは主の十字架を侮辱することであり、またキリストご自身を蔑《ないがし》ろにすることだからです。

聖餐式には、主の死を告げ知らせるという意味がありますが、ふさわしくない聖餐であれば、主の死を誤って告げ知らせることになります。まさにキリストの十字架をむなしいものにすることです。それゆえ、その罪は大きいと言わなければなりません。

主の晩餐にふさわしい者とは

では、私たちがふさわしく聖餐にあずかるには、どうしたらよいのでしょうか。そのためには何が必要なのでしょうか。パウロは続く二八節でこう言います。

「だれでも、自分自身を吟味して、そのうえでパンを食べ、杯を飲みなさい。」

「吟味して」と訳されていることばは、試す、見分ける、検討する、金属を精錬するという意味のことばです。自分自身をよく検討し、検査するようにとパウロは言います。聖餐にあずかる前に、何よりも神を畏れつつ真実な自己吟味が必要だとパウロは言います。

では、何を自己吟味する必要があるのでしょうか。ウェストミンスター小教理問答の問九七は次のように教えています。

「主の晩餐にふさわしくあずかろうとする人には、ふさわしくないままで来て飲み食いし、自分に裁きを招くことがないように、主の御体をわきまえる知識と、キリストを糧とする自らの信仰と、悔い改めと愛と新しい服従について、自分自身を吟味することが求められています。」

ここで小教理問答は、吟味すべき五つの点をあげています。第一は「主の御体をわきまえる知識」です。これは、キリストの裂かれた体と流された血がもっている意味を理解すること、そして聖餐式の意味を正しく理解することです。

第二は「キリストを糧とする自らの信仰」です。正しい理解があれば、それで聖餐にふさわしくあずかれるのではありません。むしろ正しい知識は、信仰によらなければ受けとめることはできません。

パンとぶどう酒は、それ自体は物質にすぎないのですから、信仰によらなければ、それを食することが、キリストと結合し、霊的栄養にあずかることであると把握できません。みことばの約束を、信仰をもって受けとめること、そしてまさに生けるキリストに拠り頼みつつ、聖餐にあずかる必要があります。

自己吟味すべき第三点は「悔い改め」です。悔い改めとは、自らの罪を真実に自覚し、罪を悲しみ、憎むこと。そして、神の憐れみを理解して、神に立ち返ることです。十字架の死は自らの罪の身代わりの死です。ですから、罪の悔い改めは不可欠のことです。

自己吟味すべき第四点は「愛」です。神への愛、そして兄弟姉妹たちへの愛です。神への愛と兄弟愛こそ、律法の中心として主イエスが教えられたことです。そして主の十字架こそ、究極の愛の現れです。その愛にあずかった者として、愛に生きることが求められています。それゆえ自らの愛を、神への愛、また隣人愛を吟味する必要があるのです。

第五点は「新しい服従」です。主は私たちを赦して、神の子どもとして歩むことを願っておられるのですから、その主の恵みに応えて、服従の思いを新たにする必要があります。主の晩餐にあずかるとき、私たちにはこのような自己吟味が求められています。いや、それは、主の晩餐にあずかるときだけでなく、主の御前に出る礼拝のたびごとに求められていると言ってもよいでしょう。

パウロはコリント人への手紙第二の中で「あなたがたは、信仰に生きているかどうか、自分自身を試し、吟味しなさい」（一三・五）と命じています。

自分自身を吟味する、そのような真実なまなざしをもつことが大切です。神の御前に深く自分を省みること、内省することが、健全な信仰生活には不可欠です。そしてとりわけ主の晩餐にあずかるうえで、これが重要です。

パウロは「だれでも、自分自身を吟味して、そのうえでパンを食べ、杯を飲みなさい」と述べました。聖餐にあずかるためには、真実な自己吟味が必要です。ですから、聖餐にあずかることは、自覚的な信仰を前提としていると言えるでしょう。それゆえ、まだ信仰を告白していない者は、これにあずかることができないのです。

このようにパウロは、主の晩餐にふさわしくあずかるためには、自己吟味が必要だと述べました。しかしこれを次のように誤解してはなりません。つまり、自己吟味をし、自分にいわば試験を課して、自分に合格点を与えられた場合には、これにあずかる。しかし合格点を与えられない場合には、これにあずからない。そういうことを意味しているのではありません。

ふさわしく聖餐にあずかるとは、自分が信仰者らしい立派な生活を送っているとか、社会的にも立派に生活しているとか、人に誉められるような歩みをしているとか、そういうことを自分で確認できる人が、それにあずかるという意味では決してありません。自分自身を省みて、「ああ自分は聖餐にあずかることができるような信仰者の生活を送っている、感謝。それゆえ聖餐にあずかります」ではいけないのです。

自分が聖餐にあずかれる者であることを確認することが求められているのではありません。確認して、自信をもって、聖餐にあずかることが求められているのではありません。むしろ逆です。

自己吟味によって求められていることは、自分がいかに聖餐に値しない者であるかを知ることです。イエス・キリストによらなければ、いかに望みがないものであるかを知ることです。

カルヴァンが聖餐にあずかるにあたり厳しい自己吟味を求めたことは、よく知られています。彼はこう言っています。

「ふさわしくないままで食する者は、主のからだと血について罪をおかすことになるのだから、だれでも、十分な・しかるべき準備をととのえることなく、主のからだと血に近づいてはならない。各自は、自分の無頓着と怠惰によってこのような冒瀆におちいらないように十分注意しなければならない」（『カルヴァン新約聖書註解Ⅷ　コリント前書』二七七～二七八頁）。

カルヴァンは厳しい自己吟味を求めました。そしてこれにあずかるためには、真の信仰と悔い改めが必要だと言います。しかし同時に、完全な悔い改めや信仰が求められているわけでは決してないと言います。そしてこう述べるのです。

「あなたが、正しい心で、本気になって神の義をつよく望み、自分のみじめさを知ってへりくだり、キリストの恵みのうちに心から安らって、とどまるならば、あなたは、この聖なる食卓にはべるにふさわしい者であると確信してもよい。わたしが、ふさわしいと言うのは、主が、あなたのうちにはまだまだ欠けているところがあるにもかかわらず、あなたをしりぞけられない、ということである」（同書、二七八頁）。

自己吟味とは、自分をテストして合格であることを確認することではありません。むしろ、自分の惨めさを知ってへりくだり、神に寄りすがることです。自分は主の晩餐にふさわしくないと思い、ただキリストの恵みに寄りすがる者こそ、実は「ふさわしい」のです。自らの惨めさを知り、キリストにしか希望がないことを真に知る者こそ、ふさわしいのです。ですからハイデルベルク信仰問答も、主の食卓にふさわしいのは「自分の罪のために自己を嫌悪しながらも、キリストの苦難と死とによってそれらが赦され、残る弱さも覆われることをなおも信じ、さらにまた、よりいっそう自分の信仰が強められ、自分の生活が正されることを切に求める人」（問八一、吉田隆訳）だと言います。

信仰に自信がある人が、主の晩餐にふさわしいのではありません。むしろ、自分の罪を深く知り、へりくだってキリストに拠り頼む者こそが、ふさわしいのです。自己吟味はそのためのものにほかなりません。

主の晩餐にあずかる者への警告

そのような誠実な自己吟味なしに主の晩餐にあずかる者たちに対する警告が、二九節に続きます。

「みからだをわきまえないで食べ、また飲む者は、自分自身に対するさばきを食べ、また飲むことになるのです。」

「みからだをわきまえない」とは、「主のからだを識別しない」ということです。具体的には、主の晩餐と他の食事を区別しないことです。主の晩餐におけるパンとぶどう酒がどのような意味をもっているのか、その意味をわきまえないということです。

主の晩餐と他の食事を区別しないならば、結局、主の晩餐は必要ないと言っているのと同じです。主イエス・キリストが制定された礼典を軽んじているのと同じです。それゆえそのような者は、「自分自身に対するさばきを食べ、また飲むことになる」とパウロは言います。

そしてパウロは、この裁きがコリント教会においてどのような形で起きているかを三〇節で語ります。

「あなたがたの中に弱い者や病人が多く、死んだ者たちもかなりいるのは、そのためです。」

コリント教会の中には、主の晩餐にあずかる際に、ふさわしい備えをしていない者たちがいました。パウロは、彼らに起こった病や死は、神からの罰だと言います。彼らが虚弱な体質になったのは、主の晩餐に関連する霊的原因があるのだと言うのです。

これはあくまで、パウロがこのときのコリント教会に対して下した判断であって、他の状況にあてはまるわけではありません。つまり一般的に、弱い人、病人、死者を、何らかの特定の罪に対する神の裁きと解することはできません。

ただ私たちが、このパウロのことばから受けとめなければならないのは、聖餐式における主への冒瀆は惨事を招くということです。主の晩餐は、主イエスが私たちを恵みから恵みへと成長させるために制定された礼典です。それゆえ、それを侮り、蔑《ないがし》ろにするならば、神の裁きを自分自身にもたらすのです。パウロはそのような裁きが、すでにコリント教会に降りかかっていると言います。

主の晩餐の意味と本質、その尊さを思えば、これに対する冒瀆が神の裁きを招くのは当然だと言えます。聖餐式は、主イエス・キリストの十字架の恵みにあずかる時です。したがって、聖餐式に対する冒瀆は十字架のキリストに対する冒瀆です。主が私たちのために払われた尊い犠牲を侮る行為です。ですからそれを軽んじることが、許されるはずはないのです。

それゆえ聖餐にあずかる者は、自分自身を吟味しなければなりません。三一節には「もし私たちが自分をわきまえるなら、さばかれることはありません」とあります。

先ほども述べたように、自己吟味とは、自分の惨めさを知ってへりくだり、神に寄りすがることです。そのように自らを整えるならば、裁かれることはありません。しかし、尊大に自分の罪を見過ごし、自らを神の前に誇る者には、神の裁きが下されます。

けれども、誠実に自分自身を見つめ、自己吟味しつつ歩んでいても、神の裁きと思えるような出来事に直面したり、思いも寄らない苦難に遭遇したりすることもあります。それについてパウロは三二節でこう言っています。

「私たちがさばかれるとすれば、それは、この世とともにさばきを下されることがないように、主によって懲らしめられる、ということなのです。」

自己吟味しつつ歩んでいても裁かれたとしたら、それは裁きではなく主の懲らしめだとパウロは言います。パウロの確信は、本当にキリストに結びついて生きている者は、裁かれることはないということです。神に裁かれたように感じたとしても、それは裁きではなく、主の懲らしめなのです。

懲らしめとは、私たちを誤った道から引き戻して、「この世とともにさばきを下されることがないように」するためのものです。懲らしめは、神の恵みによる、教育的な働きです。

主イエス・キリストのものとされている者は、神の子どもです。そして主なる神は、愛しているがゆえに、子どもを訓練されます。ヘブル人への手紙一二章にはこうあります。『わが子よ、主の訓練を軽んじてはならない。主に叱られて気落ちしてはならない。主はその愛する者を訓練し、受け入れるすべての子に、むちを加えられるのだから。』訓練として耐え忍びなさい。神はあなたがたを子として扱っておられるのです。父が訓練しない子がいるでしょうか」(一二・五〜七)。

イエス・キリストを信じる者には、裁きのための裁きが下ることはありません。それはあくまで懲らしめであって、キリスト者の救いに役立つために与えられているのです。

聖餐共同体としての教会を目指して

一一章一七節から、パウロは主の晩餐の問題について述べてきましたが、最後にもう一度、コリント教会の実情に即した具体的な指示を与えて、この部分を終わりにしています。それが三三節と三四節です。

「ですから、兄弟たち。食事に集まるときは、互いに待ち合わせなさい。空腹な人は家で食べなさい。あなたがたが集まることによって、さばきを受けないようにするためです。このほかのことについては、私が行ったときに決めることにします。」

コリント教会では、愛餐会と聖餐式が結びついていましたが、富んでいる者たちの身勝手な振舞いによって、愛餐会も聖餐式もふさわしくないものとなっていました。つまり、富んでいる者たちが自分たちだけで、先に豪勢な食事を楽しみ、貧しい者たちや階級の低い者たちを蔑ろにしていたのです。

その彼らに、自分たちで勝手に食べずに「待ち合わせること」、そして空腹が我慢できない者は、家で食事をすませることをパウロは命じました。こうして愛餐会と、それに続く主の晩餐の秩序を回復させようとしました。

パウロはここで「あなたがたが集まることによって、さばきを受けないようにするためです」と言っています。主の晩餐は、神の裁きに関連します。主の晩餐を蔑ろにするならば、神の裁きを招いてしまいます。ですから、彼は誠実な自己吟味を求めました。自己吟味は、自分自身を神の御前に誠実に見つめることであり、それは個人的なことです。しかし、主の晩餐は個人的出来事ではありません。それを個人的な恵みの時としてしまってはなりません。

主の晩餐は共同の食事です。主の民が共にあずかるものです。それは主の民を養う、尊い恵みの食事です。それゆえ教会は聖餐共同体と呼ばれるのです。

パウロが求めた「主のからだをわきまえる」とは、一つのからだとされている、互いのことを心に留め、同じ主に繋がる者同士としての、赦しと愛を確認することでもあるのです。

そのようにして、一人ひとりがふさわしく主の晩餐にあずかるときに、教会はまさにイエス・キリストの教会として整えられていきます。そのときにこそ、教会は神の栄光を現す群れとなることができます。私たちは、そのような教会を建てるために召されているのです。

あとがき

今年（二〇一九年）の七月に、コリント人への手紙第一、一章から六章の講解説教集である『教会の一致と聖さ』を出版させていただきました。幸い、多くの方に読んでいただき、感想を寄せてくださる方もありました。本書は、その続きにあたる講解説教集です（それゆえ目次は27から始まっています）。

今回は、七章から一一章までを扱っています。扱われているテーマは、結婚・独身・再婚の問題、偶像に備えられた食物の問題、そして礼拝および主の晩餐の守り方の問題です。偶像に備えられた食物の問題で問われたのは、自由を与えられたキリスト者の社会や教会における生き方でした。そうしますと、ここで扱われたのは、結婚の問題、社会生活の問題、教会生活の問題、礼拝の問題ですから、まさに私たちキリスト者の生き方全体にわたることが分かります。

異教社会においてキリスト者は具体的にどう生きたらよいのか。それは、日本に生きるキリスト者が今日も問われている課題です。本書は、そうした諸問題に対する聖書のメッセージを聞き取り、今日に生きるキリスト者に語りかけた説教集だと言えます。

キリスト教とは無縁の家庭で育った私は、大学一年生の時から教会に行くようになりました。それは、堺大浜キリスト教会（当時は日本基督教団に所属、後に単立教会になる）で、その年のクリスマスに洗礼を受けました。

当時、その教会が目指していたのは、一つの教会を大きくするのではなく、分教会を作って伝道を展開していくことでした。それゆえ、まもなく、夜の礼拝も含めて三か所で礼拝を行うようになりました。そして、牧師だけでなく信徒説教者による説教も行われるようになったのです。

私も二十代前半で教会の役員に選ばれ、その後二十六歳の時から、月一回の説教奉仕をするようになりました。大学卒業後、私は大阪府の公務員をしていましたので、説教が近づいてくると、帰宅後毎晩遅くまで聖書の学びに取り組み、前日の土曜日に一日かけて説教原稿を書きました。今から思えば、聖書原語も知らない、釈義の基本も知らない、教理知識も不十分な中での説教でした。しかし、社会人キリスト者として緊張感をもって生きていたなかで、真剣に神のみことばに向き合い、そこから懸命に聖書のメッセージを汲み出していたと思います。読める範囲でたくさんの注解書にも目を通しました。確かに不十分な説教でした。しかし、全力で、本気で取り組んでいた説教でした。

今でも私の説教の原点は、そして説教者としての原点は、あの時代にあると思っています。その意味で、堺大浜キリスト教会の皆様に改めて心から感謝を申し上げます。

説教になくてはならないものは何か。聖書原語も、釈義も、聖書学も、教理も本当に大切です。しかし、これらの知識があれば説教ができるわけではありません。正しく語れば説教になるわけではありません。説教者が本気でそれを信じ、それに生きているのでなければ、ことばが人の心に届くことはないのです。それがなければ、説教が説教になりません。宣教の行き詰まりには様々な理由があると思いますが、その大きな理由はやはり説教の貧困でしょう。説教の復興から、日本宣教が再び前進することを願ってやみません。

本書の説教も、かつて牧師として仕えていた日本キリスト改革派園田教会での講解説教に基づいています。その意味で、園田教会の皆様にも改めて感謝申し上げます。

第一集のあとがきに、「できれば声に出して、あるいは声に出すような気持ちで読んでいただければ幸いです」と記しました。すると、ある方から「声を出して読んでいます。聖霊が心の中を通って行くように恵まれています」というお手紙をいただき、本当にうれしく思いました。本書もそのように読んでいただければ幸いです。

今回もいのちのことば社出版部の長沢俊夫さんにたいへんお世話になりました。心から感謝いたします。

二〇一九年十月　　神戸改革派神学校の研究室にて

袴田康裕

＊聖書 新改訳2017©2017 新日本聖書刊行会

キリスト者の結婚と自由

2019年12月10日 発行

著 者 袴田康裕

印刷製本 日本ハイコム株式会社

発 行 いのちのことば社

〒164-0001 東京都中野区中野2-1-5
電話 03-5341-6922（編集）
03-5341-6920（営業）
FAX03-5341-6921
e-mail:support@wlpm.or.jp
http://www.wlpm.or.jp/

ISBN978-4-264-04085-9